生きるのがラクになる

ネガティブとの付き合い方

ワタナベ薫

マガジンハウス

PROLOGUE

はじめに

本書の表紙にある「ネガティブ」という言葉が目に入ったとき、あなたは何を思ったでしょうか？　思わず手に取りましたか？　それとも、この本を読むのを、一瞬、躊躇《ちゅうちょ》しましたか？

今、このページを読んでいるということは、もしかしてあなたはネガティブなほうでしょうか？　もし、そうだとしたら、この本はあなたの助けになるでしょう。むしろ、ポジティブ全開で生きている人よりも、今後は生きやすくバランスの取れた、周りの人々との関係性も良く、ラクな人生を送ることができるようになるでしょう。なぜなら、私の若き頃はネガティブ全開で、それがほんのちょっと考え方を変えただけで、とても生きやすくなり、周りとの関係も良いものなったからです。

そして、時々、芽を出す自分のネガティブにどう対処したらいいかがわからず、悩んでいる人にも、この本はきっと役立つことでしょう。それは、ネガティブが芽を出

したときこそ、あなたの良き部分がさらに成長するきっかけになるからです。

本書は、ネガティブは忌み嫌うものではなく、むしろ大切な感情であり、あなたの本質、コア、大切にしている価値観を浮き彫りにするもの——そして、多くの問題を回避するために必要なものでもあることをしっかり理解してもらえるよう、段階を追って説明しています。

STEP1では、ネガティブを認めて受け入れること
STEP2では、自分のネガティブの上手な吐き出し方、付き合い方を
STEP3では、強いネガティブな感情に居場所を与えてあげること
STEP4では、ネガティブな感情の整理術
STEP5では、ネガティブを逆に楽しむ、そして成長・成熟の糧とする

ネガティブをどう扱ったらいいのか？　どう転換していけばいいのか？　もし強いネガティブ感情が自分を襲ったときにどうしたらいいのか？　本書は段階を踏んで丁《てい》寧《ねい》にお伝えしています。可能ならぜひ、ペンとノートを用意して、あなたにとって必

要だと思うことをメモしながら読み進めてみてください。段階を踏んで丁寧に紐解いていくことで、この本を一冊読み終えたとき、あなたの思考は今までとは違った経路を辿《たど》るようになっているはずです。**思考経路は変えられます。つまり、「性格が変えられる」ということです。性格は、思考の仕方で変わるからです。**

思考はまるで野原のようなもの。頭の中に野原をイメージしてみてください。青々とした緑の草が生えている野原。そこに一本の道が見えます。何度も通られた道なのでしょう。もう、その道には草が生えていません。

そこに新しい道を作りたいと考えます。さて、あなたはどうするでしょうか？ きっと新しい道を作るために、足で草をかき分けながらそこを通りますね。通った道の後ろを振り向いてみてください。草はどうなっていますか？ そう。なぎ倒されていて、あなたが通った道が何となく残っています。次の日も同じ道を通ります。また振り返ってみてください。昨日よりも、草が分かれています。

何度も何度もその道を通るのです。そうすると、その場所には草が生えてこなくなるでしょう。では、以前の道はどうなりましたか？ あなたが通っていなければ、も

PROLOGUE

うそこには草が生え、いずれどこが道だったかわからなくなることでしょう。
思考経路も野原の道と同じです。新しく取り入れた同じ思考、同じ考え方を何度も何度もすれば、新しい思考経路ができる、ということです。

私が以前はネガティブな人間だった、などと思う人は今となっては誰もいませんが、若い頃、女性として一番イキイキしていた時期に、私は他人の目を気にして、人を妬み、物事をいつも悪いほうに悪いほうに考える、完全にネガティブな人間でした。
しかし、今では私のネガティブとポジティブは融合して、「いい塩梅《あんばい》」、つまりバランスが取れるようになりました。**ネガティブはなくさなくてもいいのです。ポジティブと同じくらい、いや、もっと大切な感情だからこそ、存在しているのです。**

本書を手にした人はもしかしたら、あなたの直感が、あなたに本書が必要であることを教えてくれたのかもしれません。これをきっかけに、ネガティブな感情があなたのより良い人生を後押しするものになることを願っています。

ワタナベ薫

CONTENTS

STEP 2

あなたの内なるネガティブを放出してみる

吐き出す・ラクになる

STEP 3

ネガティブ感情を暴れさせないために
向き合う・付き合う

STEP
4

「ネガティブ（＝嫌）」に注目して自分を探る

整理・整頓する

STEP 5

楽しむ・成熟する

ネガティブを昇華させてこそ成長できる

装丁・本文デザイン：白畠かおり
帯写真：遠藤アスミ
カバー写真：Jessica Neuwerth Photography / Moment Selects / Getty Images
本文写真：shutterstock

STEP
1

まずはあなたのネガティブを認識してみる

認める・受け入れる

ネガティブ思考のわけ

「あ〜、もう、このネガティブな性格、何とかしたーい！」と思ったり、ドーーーンと落ち込んでもう立ち直れないような感覚になったり……。

一体「ネガティブ」の正体はなんなのでしょうか。

簡単に言いますと、「後ろ向き」な性質のこと。後ろ、つまり過去を向いている、ということです。

いつもはポジティブでも時にネガティブになるのは、ほとんどのケースで、ちょっと前の過去や、もっと前の過去の出来事を思い出して、それが原因で気持ちが重くなっている状態です。

人は過去の経験、自分なりの経験を通して得た「思い込み」で、自分の考えや感覚、精神、メンタルなどを形作っています。

そして、過去の経験の積み重ねが記憶となり、セルフイメージ（自分で自分をどう評価しているか）を形作り、それは私たちの言動や将来にもかなりの影響を与えています。

つまり、人は過去の経験を通して、今の自分自身とその未来を作っています。といっても、過去の経験は自分で勝手に作り上げた、真実ではない、ねつ造されたストーリーである場合も……。

そして、**人は無意識のうちに、過去の経験を通して物事を決定するような癖があるため、その傾向が強い人が「後ろ向き」であり、それ自体がネガティブの根本的な原因**になります。

ネガティブな人は、将来に意識を向けたとしても、何かを達成しようとするときは過去に一旦思考を戻し、「以前成功した方法は……」「以前失敗した方法は……」といった具合に――無意識に過去の経験を基盤にして、できるできないを判断してしまう癖が身についています。

しかも、過去を振り返ったとき、楽しかった経験よりも失敗体験やつらかった記憶のほうがインパクトがあるので、それを思い出したとき、イライラしたり、落ち込んだりもします。さらには、行動力まで低下します。それもまたネガティブ。

例えば、あなたが過去にダイエットで失敗したとしましょう。そして、その失敗にフォーカスし続けたり何度も思い出したりしていると、次にダイエットに挑戦しても、「前回失敗したから成功しない自分」というビリーフ（信念）ができてしまい、〃自分はなかなかダイエットに成功しない人〃というセルフイメージの一丁上がりです。

このように、過去に起きたマイナスな体験を脳内リピートする癖がある人は、ネガティブ思考の傾向があります。

脳にとっては、現実に起きたかどうかなどは関係ないのです。リアリティーを感じたことをそのまま受け取るのです。

例えば、現実に何か実行しても「心ここにあらず」の状態では記憶にも残らないもの。逆に、完全に妄想であっても、何度も何度もその感情と映像のリピート（ワクワクしたり、反対に恐れをともなった想像など）をしていると、現実に起きたことではなくても、脳は感情が強く動いたほうを現実ととらえます。

リピートの回数が多くなれば多くなるほど、事実ではなくても本当にあった出来事として、脳は認知するのです。

脳は複雑なようで単純！

ことあるごとに「ダメな自分」を思い巡らしていると、そんなに数多くダメな経験をしているわけではないのに、脳は思い巡らしたことを実際の経験と認知し、かつ、ダメな自分のセルフイメージ作りをしていることになるのです。

・嫌な自分
・ダメな自分
・失敗ばかりする自分
・恋が実らない自分
・ブスな自分

・太っている自分

こうした過去のネガティブな自分にばかりフォーカスしていませんか？

それはイコール、セルフイメージ（自己像・自己認知）を作っていることになるので、何か新しいことを頑張ろうと思ってもなかなかうまくいかないのは、いってみればマイナスな過去のリピートのせい。自分がどんどんネガティブになるよう、無意識にインプットしているのです。

考えてみたら、生きていれば毎日嫌なこともありますし、失敗もありますから、もう、わざわざ過去の失敗や良くない出来事まで背負い込まなくてもいいのです。今のそれだけで十分なのだから。

自分のドロドロを見つけたとき

とんでもなく残酷なことが頭の中をよぎったり、「私、性格悪〜!!」と自分に言いたくなるような場面があったり、はたまた超ブラックでネガティブ過ぎる、「目を背けたくなるような自分」が、内なるところからドロドロと流れ出てきたり……。

それを見つけたときは、それはそれはショックで、恥ずかしくて、罪悪感に満ち、いかにちっぽけで、ダサい自分に絶望する――そんな経験があなたにもあるかもしれません。例えば、人の成功を見て心がモヤモヤ、ザワザワした経験はありますか？　それはつまり、その人を妬んでいるのですよね？

または、誰かが自分にひどいことをしたとして。そんな相手を許せない。でも許せない自分ってなんて心が狭いんだと、自分を責めているのですよね？　はたまた親や兄弟姉妹が大嫌いで、でも血のつながりがあるのだから憎んではいけない、嫌ってはダメとわかってはいるけど、それができない自分はひどい人間だ、と思っているのですよね？

誰かに負けるのが嫌いで、いつも頑張っていないと追い越されそうで、疲れているのに休むこともできず、闘うことをやめられず、相手の悪口さえ言ってしまう、そんな自分は小さなやつだと思っているのでしょうね？

子どもが欲しいのになかなかできず、周りの友達はどんどん妊娠していく……焦り、思ってはいけないことが頭の中をよぎってしまう。そんな自分なんて価値のない存在で、こんなに醜い人間は世の中にいないと、自分のことが嫌いになっているのですよね？

ハッキリ言います。オールＯＫです！　その感情全部、ネガティブ、ブラック、ドロドロ、大丈夫です!!

あなただけではなくて、周りのみんなも同じですから。ただ、そういうことを人はあまり言葉に出さないので、いい人に見えているだけ。多くの人が結構なネガティブを持っているので、どうか気にしないでください。あなただけではないのですから。本当に。私は10年ほど、20代から60代の女性たちにコーチングを提供しています。この仕事を通して多くの女性のメンタルに向き合い、何千時間もセッションをしてきたからこそ、それがよくわかります。

ほとんどの人は間違いなく、ネガティブな部分を持っているのです。しかしネガティブがありながらも、バランス良く、美しい部分もちゃんと持ち合わせているのです。

誰もが、妬むことも当然ありますし、許せないと感じることもあるでしょう。でも相手を許せないなら、無理して許す必要もないのです。もしかしたら、「許さない限り、幸せはやってこない」と誰かに言われたとしても……。それでも許せないなら、飽きるまで憎んだらいいでしょう。

「親、兄弟姉妹を憎んではダメ」なんて、誰が言ったのでしょう。これもどうぞ、飽きるほど憎んでください。そして、それに飽きたら、または、何かに気づいたり気が済んだらやめて、次のステップに進むのです。

負けず嫌いでいつも闘っている？　いいじゃないですか。ガンガン闘ったらいいのです。「もうダメ……疲れた……」となったとき、自然とやめたくなりますから。

ひどいことが頭をよぎってしまう？　いいですよ。よぎるくらい。世の中には、よぎるどころか、悪事を実行してしまう人も多くいます。よぎって罪悪感を抱くあなたは、心美しき人です。大丈夫。大丈夫。

精神世界（魂の世界）では善悪の判断がないので、どの感情も支え合っていて、そしてどちらも知ろうとするのが魂の役割。経験したいのですよ。どちらの感情も。

ポジティブだけがいいのでもなく、
明るいだけがいいのでもなく、
美しさだけがいいのでもなく、
元気だけがいいのでもなく……。

それらの反対側にある、ネガティブも、暗さも、醜さも、落ち込みも不安も恐れもまた、そこにただ「ある」というだけのこと。そしてそれらは案外大切な要素で、ポジティブな部分を支えていたりもするのです。

私は現在51歳ですが、40代後半くらいからでしょうか……自分の中に新たなドロドロを見つけたとき、落ち込むどころか、なんだかまたいいものを発見してしまった感覚にさえなりました。徹底的に観察材料、研究材料にします。

ブラックな自分、丸ごと全肯定主義

昔の私は、クソ真面目で、白黒ハッキリつけないと気が済まない気質で、正義感も強く、その分沸点も低かった。他人をジャッジしていましたし（相手には言わないですが）、自分にとっての正しさに沿わない状況や人々に、いつも苛《いら》立ってばかりいました。

そんな生き方は当然、それはそれは息苦しく、まるで自分の首を締めながら生きていたようなものでした。

ところが、今はまるで真逆になりました。**まず自分に関しては全肯定主義です。それは「失敗しても反省しない」という意味ではなくて、失敗したあとでもプラスの意味づけをし、それを全部丸ごと肯定するのです。**

自分に関する、ありとあらゆることを肯定しているので、もちろん、他人様のことはどうでもいい。自分の人生ですから、他人の顔色を見て生きる必要はありませんし、そんな暇もないはずです。

自分を否定するのは、当然自分を傷つけていることになります。自分を否定しなくなると、他人のことも否定しなくなります。ですから本当にラクになります。結局、自分を否定している人は、他人をも否定したくなるものだからです。

他人を否定すると、それもまた、自分を否定しているのと同じ作用が、脳と潜在意識で働くのです。なぜなら脳も潜在意識も、他人と自分を分けて考えない、という傾向があるからです。

例えば、人を妬んだとします。大抵の場合、当初はそれを妬みだとは気づかないもの。なんかモヤモヤする、なんか否定したい、なんか悪口を言いたい、などなど……。そういうときであっても肯定します。「私は、あの人を見るとモヤモヤするんだね」「悪口を言いたいんだね」というように、ネガティブな考えが沸き起こったとしても、それを認めるのです。

そして、次のステップはこうです。「なぜモヤモヤするの?」と自問してみて、「あれ? あの人のこと、うらやましいのかな?」と。答えが素直に出たときに、それも肯定するのです。

「いいよ、いいよ、妬みたくもなるよね」「そっかそっか、うらやましいんだね。自分もチヤホヤされたいんだね」「だってあの人素敵だもの」と、そのブラックな感情が認められたときに、妬みの気持ちはシュウ〜ッと抜けていくのです。声に出して「負けたな、こりゃ(笑)」と言えたとき、途端にラクになるものです。

誰かを見てモヤモヤするのは、その人のことが気になっている証拠。うらやましいと思っているのを自分で認めたくないので、その人を見るたびにモヤモヤするのです。

はたまた、なんか今日はイライラしていて、疲れて帰ってきた夫に優しくできなくて、さらには、子どもたちにまで八つ当たりしてイライラ倍増。自己嫌悪になり、自分を責める。「なんで私はいつもこうなの?」「こんな自分ダメじゃん……」と。

さて、モヤモヤは、靄《もや》、霧のようなもので、イライラは棘《とげ》です。あなたの真の動機や気持ちを、自分では気づきたくないものだから、靄をかけて見えないようにしている、そして、トゲトゲにして、まるで栗のイガのように、中身を見られないようにして、その二つの感情は自分の内側を「防御」しているのです。

なぜ見えないようにしているのでしょうか？

それは、醜い自分を知りたくないから。そうさせまいとして、モヤモヤイライラのベールで覆っているのです。

そこには、次のような間違った前提があります。心の中の醜いと思っているものは、悪だとか良くないものだとか、ネガティブだからダメなもの、という前提です。それがあるせいで、クリアにしたくないのです。

まずは、その感情を認めてしまいましょう。

そして、たまには癖で、自己否定してしまうこともあるでしょう。それすらも、つまり、否定してしまった自分さえも肯定してあげること——。

「ああ、また癖で、自分のことを否定しちゃったね。でも、前よりはしなくなったけどね」といった具合に、否定した自分を肯定し、小さな進歩を褒めてあげてください。それをすることで、ネガティブな感情に居場所を作ってあげることができるのです。もしくは、自分のポジティブな感情と融合するような感じです。

自分の中にあるポジティブな感情とネガティブな感情は、実は、辿って行くと同じところに到達するのです。分離して考えているからつらくなるのですが、行き着くところは同じなのです。

イメージするなら、それはまるで無限の形（∞）のようなもの。ポジティブという道の上を歩いていたと思っていても、進んでいたらネガティブの道の上を歩いている。常に、ネガティブはポジティブに支えられていて、ポジティブは、ネガティブに支えられているのです。

そのネガティブ感情はとても寂しがり屋なので、否定したら大暴れ。しかし、素直なので、居場所を与えられたら暴れません。共存していくことができます。そしてそのうち、小さくなっていくのです。

どんなネガティブでもどんなブラックでも、とりあえず、感情を肯定してあげること。そうすると行動も変わっていくでしょう。

人は弱いようで強い、コインの表と裏

人は強いようで弱い……ときもある。
しかし、やっぱり弱いようで強い。

人は、自分の弱さやネガティブな部分をどう扱うかで、自分の本当の強さに気づけるものです。誰もが、できればポジティブでありたいし、できれば愚痴のひとつも漏らさず前向きな言葉だけを発していたいでしょうし、いつも笑顔で生きていきたいことでしょう。しかし、生きている限り、痛烈に悲しいことに直面することもありますし、穏やかに生きてきたのに、頭に血が上るほどの怒りが起こることもあります。さらに言えば、とばっちりを受けることだってありますし、挙げ句の果ては八つ当たりまでされてしまったりして……。

ツイてることもあれば、当然その逆の、まったくツイていないことも身に降りかかる場合もあります。しかも、悪いことは重なるときは重なったり……。しかし、喜怒哀楽があるから、人生は面白いもの。そのときは、そう思えなくても。

ポジティブが良くて、ネガティブが悪い？

しかし、コインの裏と表があるように、それらは二つで一つです。喜びが良くて怒りがダメだったら、なぜ、神様は人が怒りという感情を持つように作られたのでしょうか？　楽しいのがよくて悲しみダメだったら、なぜ、悲しいという感情があるのでしょうか？

どんな感情も、ポジティブやネガティブに関係なく、本当に大切。そして、その感情との付き合い方がわかったときに、人は強くなれるのです。

「負の感情を良しとしてしまったら、負を引き寄せてしまうので、いつもいい気分でいなくちゃ！　前向きに、愚痴も言わずに、苦しい感情に蓋《ふた》をして早く心地よくならなきゃ！」と思う人も多いかもしれません。

しかし、私たちは生身の、感情のある人間です。時に負の言葉が漏れることもあり、悪口を言いたくなることもあり、つい愚痴が口から漏れることもあります。それでいいのです。
コインの裏の部分をスルーばかりしていたら、その溜《た》め込まれた負の感情は、いつか溜まりにたまって爆発してしまう可能性があるのです。だからこそ、小出しに上手にガス抜きする必要があります。

たとえば、おなじみの「引き寄せの法則」。簡単に言うと、「自分に起きることは、自分が思ったことや、放ったことからしか起こらない」という考え方で、成功論として語られる場合が多いです。しかし、良いことが起きてほしいと思えば良いことが起きるけれど、逆も然り。悪いことを考えると悪いことが起きてしまうことも知られています。

気をつけてほしいのが、なんでもかんでも「引き寄せの法則」ととらえて、「ネガティブになったら、ネガティブな現象が起きてしまう」といった具合に、間違った解釈をして恐れをなすこと。それによって、あなたの大切な感情を否定したり、見ないふりをしていたら——それは、あなた自身を丸ごと否定していることにもなるのです。
ネガティブは悪くない！　ブラックも悪くない！　それらはポジティブを支えてい

るものなのだから。

あなたの夢や願望がすぐに叶《かな》わないのと同じく、思考や感情はすぐに現実化しません。あなたの負の感情もすぐには現実化しないので、どうぞゆっくり負の感情に向き合うなり、誰かに心の中を話して聞いてもらうなりして、ネガティブな感情と仲良くなってください。それができたときに、「弱いけど、やっぱり強い自分」に気づくことができるのです。だって、結局こうして生きているのですから。

で、もう一度。

人は強いようで弱い。
弱いようで強い。

自分の弱さと上手に付き合うことで、自分の本当の強さに気づけるのです。だから、人間はやっぱり強いのです。

ネガティブな感情を嫌わない

ここまでのところで、ネガティブ、ブラック、ドロドロといった「負の感情」を受け入れる意味について、お話ししてきました。

ネガティブは、すべての人々の中に絶対的にあるもの。あの清らかに見える美しい女性にもあるのです。表面的に見えないだけです。

ですから、くれぐれも嫌わないで、むしろ掘り起こして向き合えたとき、そこから人生は大きく変わると言っても過言ではありません。

特に問題なければ、マイナス部分をわざわざほじくり返さなくてもいいのですが、もし今、感情的につらいとか、苦しいとか、悲しいとか、なんだかモヤモヤするわー！といった状況だとしたら、自分の中にあるその感情を見つめて、ちゃんと受け止める必要があるのです。そうするとどうなるか？

その感情は意識化する、つまり頭でも理解することでそのマイナスは力を失います。

例えば、最近増えている「起業女子」。企業に属さずフリーで仕事をしている女性のことを指しますが、彼女たちはもしかして、自分と同業者を比べる機会が多いかもしれません。SNS上での交友では「おめでとう！」や「すごいねー」とか「可愛い〜」「頑張って」なんて表面的には書くことがあったとしても、どこかでモヤモヤする、がっかりする、なんだか苦しい……なんて気持ちがあったとします。

その理由を掘り下げたときに、「あ、うらやましいんだ。私、彼女の成功を喜んでいない。むしろ失敗したらいいとまで思っているんだ」――そう思っていることが意識としてわかれば、負の感情は小さくなり、認めたあとは、いずれ消えていきます。無意識にモヤモヤして苦しいことを、頭でも理解するとスッキリするのです。居場所を与えられた感情はどんどん小さくなっていき、その負は自分には悪さをしないのです。

これは、何も負の感情だけではなく、子どもの頃の抑圧や、否認・抑制された過去の記憶に対しても使えます。精神科医フロイトが提唱している精神分析の手法の、いわば応用バージョンのようなもの。無意識の意識化——つまり無意識に思っていることを顕在化、意識化、言語化して自分でそれを認めることによってそれが力を失う、というものです。

自分の中にあるドロドロした感情を認めたがらない人、自分はすごいと思い込み過ぎている自己性愛者などは、自分が間違っているとか、自分にある負を認めたくないから、苦しくなるのです。しかも、なぜ苦しいのかがわからないまま……。そして、それを隠すように、逆に幸せなふりをしたり、自分のすごさをアピールしたりし続けるのです。元気なふりをし続ける人ほど、闇は深いのです。

自分の中に負やブラックを見つけたら、「おおおおー！　私にもそういうところがあったのか～」と客観的に眺めてみることです。いいじゃないですか、人間なんだもの。大人な女性なら、ブラックやらマイナスやら負の感情、ネガティブな部分があっていい。それくらい、ないとつまらないし、あなたの魅力の一部や人間臭さでもあります。それに人間臭さって、案外いい匂いなのです。

認めることでプラスに変える

マイナスのエネルギーを発してしまうことは誰にでもあります。この項では、そのエネルギーをプラスのエネルギーに転換する方法をお伝えしましょう。

マイナスやネガティブなエネルギーとは、たとえば怒り、利己的な欲望、無関心、嘲笑《ちょうしょう》、嫌悪、妬み、敵意、執着、否定、憎しみ（それに伴う攻撃）、恐怖や心配、悲しみ、不安、罪悪感、劣等感、屈辱、苛立ち……など。これらは私たちを弱くするものです。

「弱い」とはどういうことかと言うと、これらの感情によるキネシオロジーテスト（筋肉反射テスト）をすると、体に弱い反応が出ます。キネシオロジーテストとは、筋肉に力が入るかどうかで結果を判別するというやり方で、真実か否かをものの数秒で見分けられるもの。「意識」に直接聞くことのできる唯一の方法とされています。

弱ければ力が出ない、パワーが出ない、つまり行動力の低下だけでなく、身体に害悪も出ます。

人は、一緒にいる人と同調・共鳴します。ということは、もしあなたと似たような感覚の人がいると、ネガティブならネガティブが増大し、ポジティブならポジティブが増大していき、それぞれのエネルギーを強め合うことになります。その人数が多くなればなるほど、地球のエネルギーにも影響を及ぼします。

そして、その動機がマイナスの動機として存在するまま、行動したり、言葉に発したりすると、私たちの波動、つまりエネルギーは下がってしまいます。

しかし、それらを単純に「悪いこと」にカテゴライズ（分類）できない理由は、それを経験・理解して、コントロールできるようになれば、それ以上の良い状態――愛や、喜び、平和や許しなど、良き方向に成長していく可能性があるからです。

マイナスやネガティブを経験せずしてそこに到達することはないので、その経験さえも高い視点で見たら大切な要素であり、必要なことだと言えるでしょう。

対極にあるプラスの部分を理解すること――一見、ネガティブに見えていた部分は、自分にはポジティブな意図があるというのがわかると、世界はまったく違って見えてくるでしょう。そのステップはこの3つ。

①自分の中のマイナスを知る
②マイナスを認める
③その対極のプラスを知る

これだけです。このステップを心掛けると、意識も精神も成長していきます。

さて、最後に、ポジティブな意図の拾い方について説明しましょう。

時として、私たちは強い怒りのエネルギーを感じることがあるかもしれません。それは、否定されたときや、馬鹿にされたとき、悔しい思いをしたときなどに感じるかもしれません。その先の、ポジティブなものとは?

例えば、よくある話ですが、夫に浮気されたとします。それに対して、強い怒りが出て、その後悲しみという感情が出たとします。そのときに、その対極にあるのは何か？　を探します。怒りで大暴れしたい気持ちもわかりますが（やってもいい！笑）、せめて、大暴れしたあとは、分析してみることをおすすめします。

・なぜ怒りが出るのだろう？
・夫に愛されたかったから？
・夫を愛していたから？

悲しかったのは、自分も関心を払ってほしかった、裏切られた気がした――つまり、二人で仲良くしていたかったから？　などなど、いろいろなことが出てくるかもしれません。

これは、視点を変えれば、夫を愛していた、愛されたい（つまり、自分を愛している）、そんな「愛」という気持ちがあるのを確認する出来事となったわけです。そう考えてみると、このつらい経験も無駄ではなく大きな、そして大切な気持ちを発見できた、貴重な経験になったわけです。

ゆがんでいようが、利己的な愛であろうが、依存的な愛であろうが、我が身をベースに考えてみると、結局「自分を愛している」「夫を愛していた」そんなプラスの感情が出てきます。

このように、マイナスやネガティブの先にあるものに気づき、早めにプラスに転換しましょう。そうするとフットワークも軽くなりますし、心も軽くなります。

マイナスな感情が出ても、排除したり否定したりせず、そういうものたちが自分の中にあったことを認め、受け入れてあげましょう。

さらに、そのずっと先にあるプラスは何かを、ちょっと立ち止まって考えてみると、あなたにとってのプラスの意図が見つかるはずです。

SPECIAL COLUMN | 1

怒り anger

大切な感情「怒り」

若かりし頃、とにかく何もかもに怒っていたような時期がありました。正義感も強かったので、人の道に外れたことが大嫌い。事あるごとに人をジャッジして、その気持ちを外に発散させていなかったので、内なるところで常にフツフツとしていたような気がします。

その後は、年齢を重ねると人は丸くなると言いますが、さまざまな経験を積んだことで、正義も、正しいも間違いも陰陽一体であることを理解し、そのうちに怒りもフツフツとした感情も少なくなり、頭も心も柔軟になりました。

さらに、心理学や、メンタルに関わる世界を学んでわかったこと、それは、怒りは本当に大切な感情だということ。

大切な感情だからとその怒りを周りの人たちに向けて当たり散らしていい、ということではありません。それをしてしまえば幼い子どもと一緒。私たちは大人ですから、品性をもって怒りに向き合いたいもの。周りに迷惑がかからぬよう、ちゃんとコントロールしたいものです。

しかし、時に、怒りを感じない人がいます。原因としては、幼児期の体験によって抑圧されている可能性があります。また、育った環境によって、早くに大人な対応をしなければならなかった、あるいは怒ることは恥ずかしいことである、と思い込んでいる可能性もあります。

稀な例かと思いきや、日本人は多くの場合、こうした傾向があります。右へ倣《なら》え！をしているうちに、そして他の人と違った意見を言うのに恐れを感じるあまり、自分の感情を顧みなくなってしまったのです。

そのうち感情がバカになって、怒っているのか？　悲しいのか？　はたまた悔しいのか？　さえもわからなくなっているような人もいます。

怒りを感じなくなった人の中には、身近にやたらと感情的に怒りを表す人がいて、そういった環境で育つと、人間関係のバランスを取るために、自分が怒りの感情を出さなくなる、出せなくなる――そういった可能性もあるようです。

ある場面では怒りを感じてもいいのに、無感覚になっていて、周りの言いなりになってしまったり、怒れないので、なんかモヤモヤしていたり……。

はたまた、「そこは怒るところだろ!」という場面で怒ることができず、時間が経ってから、ただただ悲しい……なんてこともあるでしょう。

そんな状態は、健全なメンタルとはとても言えません。怒りは、ごく自然な感情ですし、それがあること自体、あなた自身のバランスがちゃんと保たれていることなのです。どうかあなたの怒りの感情を否定せず、しっかりと感じてください。そうすると、自分の大切ものが見えてきます。

怒りの正体は何でしょうか? なぜ怒りが大切だと言えるのでしょうか? 怒りとは、あなたが大切にしているものを、他人に侵されたときに現れるものです。

あなたの大切にしているもの――それはある種の感情だったり、価値観だったり、人だったり物だったり……。

怒るということは、とどのつまり自分を守る行為なのです。ですから、怒りの感情を嫌わないで、むしろウェルカムなものとして捉えましょう。それは、あなたの大切にしているものを知るチャンスです。では、どうやって探ったらいいでしょうか？

あなたはどんなときに怒りを感じますか？

たとえば私なら、他の人をやたら批判したり否定したりする人を見ると怒りを感じます。あるいは、動物が虐待されている場面を見ると頭に血が上るほど激怒します。それらの背後にあるものを探るのです。

そんな自分は何を大切にしているのか？

批判や非難をしている人に腹が立つのは、自分と他人の価値観を大切にしたい、違いを認めている、人々との平和な関係を大切にしているからこそ、それが侵されると怒りが噴出するのです。

動物虐待に関しては、口きけぬ動物たちをいたわるべきである、優しく扱うべきである——動物に愛着を感じているからこそ、強い怒りを感じるのです。ここにも自分の中の優しさや、愛情という価値観が拾えるのです。

このような自問自答をしているうちに、怒りという感情は収まっていきます。こうした問いかけは、自分の感情からポーン！と抜け出すことができる、客観視できるものですから、答えを考え始めたときに感情は収まっていきます。そして、怒りと向き合って、その問いに対する答えが出てきたとき——あなたが生きる上で大切にしている価値観や信念があぶり出されるのです。

怒りの感情が湧いてきたら、「宝探し」のつもりで、自分の価値観や信念を探してみてください。

STEP

2

あなたの内なるネガティブを放出してみる

吐き出す・ラクになる

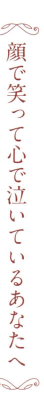

顔で笑って心で泣いているあなたへ

元気が一番。笑顔が一番!……なんて、「ネガティブな顔で周りの人を不快にさせたくない」と強く思うあまり、自分の気持ちを置き去りにして、一人で負ってしまい、顔で笑って、心で泣いて、傷ついていることはありませんか? いつもいつも自分の感情を押し殺し、我慢していて、あなたは大丈夫ですか?

この項では、あなたの心が壊れぬよう、感情と同じ表情をしようよ、というお話をします。


大人の対応が必要だと思うあまりに、顔で笑って心で泣いている、という人がとても多いように感じます。私は30代がそんな状態でしたが、本当に大変でした。メンタルが壊れるだけでなく、それをずっと続けていると体の調子まで悪くなる始末。

もちろん、軽い症状のときはいいでしょう。多少の悲しみなら、笑っているうちに、本当に元気になってくることもありますから。しかし、いつも感情を伏せて我慢してしまうのは、メンタル的にはかなりの負荷がかかって危険です。

・悲しいときに無理に笑う
・寂しいときに、無理に元気に振る舞う
・怒っているときに、平然を装う
・幸せじゃないのに、幸せそうにしている

あなたのその無視された感情はどうなるのでしょうか？

そう、それは閉じ込められて、回数が多くなっていくと、抑圧状態に。抑圧は、圧縮みたいなものですから、それがいつか地雷のようになって、何年分、または何十年分の抑圧が一気に吹き出し、とんでもない状態になる危険性があります。

そうならないまでも、前の項にも書きましたが、自分の感情がバカになって、怒っているのか、悲しいのか、寂しいのか、自分の感情が自分でもわからなくなってしまうことだってあるのです。

私のクライアントで、自分の感情をいつも我慢してしまう方がいました。まずは、感情を感じるレッスンをしてもらい、その後、不快に感じた感情を相手に伝えるチャレンジをしてもらいました。

結果、特に怒りの感情を他人に出せるようになり、「すごい成長と進歩が感じられた」と喜んでいました。そう、それまでの彼女は我慢ばかりだったのです。我慢ばかりしていると、その人の本当の気持ちなんて見えませんから、周りの人はエスカレートして、彼女にもっと大きなずうずうしい要求をしたり、もっとひどい扱いをする場合もあります。

これは、そのような扱いをする人たちだけが悪いのではなく、自分の感情を隠している彼女にも責任があるのです。「嫌なことは嫌だ」と伝えないといけないのです。もう、いい年をした大人なのですから。

もちろん、大人な対応が必要なときもあるかもしれませんが、それでも、せめて心を許す人たちには自分の正直な感情を伝えましょうよ。そう、友人、配偶者、親、恋人には……。

・悲しければ悲しいって言いましょう
・寂しければ寂しいって言いましょう
・怒っているなら、怒っていることを伝えましょう

まずは、不快なときは不快である気持ちをしっかりキャッチしましょう。そして、その不快感をまず相手に冷静に伝えることも大切。

そのようにして**自分の感情を確認し、その感情を顧みてあげることで、「自分の奥底にいる自分が認められた」という実感が出てくる**のです。

悲しさも寂しさも怒りも感じないほうがラク、と思うかもしれませんが、そうではありません。その感情こそが、楽しいとか嬉しいとか、心地良さを支えるものなのですから。

笑っていいのは、心から楽しいときだけ。怒っているのに、悲しいのに、モヤモヤしているのに、傷ついているのに、笑うのはもうやめましょう。心と表情は同じであってください。

無理していませんか？　毒吐いてください

良い言葉を発することは、良いセルフイメージを作ることになります。それは、良い言葉そのものが、自分の脳と潜在意識への刷り込みとなっているからです。

言霊《ことだま》という言葉を聞いたことがあるでしょう。言葉には霊が宿り、パワーとなるので、いい言葉を発するに越したことはないのですが、ちょっと誤解している人もいるようなので、説明していきますね。

言葉には固有の周波数があるので、ネガティブな言葉自体は、多少なりとも悪い影響があるにしても、言葉よりももっと大切なことがあります。それは感情です。

いくらネガティブな言葉を口にしていたとしても、感情がそんなに悪い状態でなければ悪影響はありません。たとえば、「バカ」という言葉は波動が低く、良い言葉ではありません。しかし、本気で相手に「バカ！」と言うのと、好きな人に「バカ♡」と言うのは別物。後者には悪影響はないのです。

そして、それを口にしながら感情も同じ悪い状態でも、言葉で吐き出すことで、その苦しみは軽くなります。ポイントは、早く軽くすることですから、ネガティブな言葉は心の中に押し込めるよりも、出したほうがいいのです。

負の感情が現れるのは、なんらかの外的要因がひとつのきっかけとなり、内的要因(あなたの心の中の何かが)がそれに反応したことによって引き起こされるという仕組みです。

湧き上がった感情を無視したり、否定したり、ジャッジしたりすると、その感情は居場所をなくして、心の奥底に押し込められます。しかも、とても危険なことに、現時点で表層部に現れてはいないものの、その奥底でフツフツと増大している可能性もあるのです。

いつも自分の感情を押し殺し、我慢ばかりしていると、あなたのキャパを越えた瞬間に爆発するか、もしくは、爆発はしなくても、精神的な心の病を招いてしまうなどの支障が出てくるかもしれません。そのまま一生、無感情のまま過ごしてしまう可能性もあります。

そうなると重症で、自分が怒っているのか、悲しんでいるのか、ムカついているのか、自分の感情なのに、どう思っているのかわからなくなったりするのです。これを避けるために、少しずつエクササイズしていきましょう。

最初のステップは、自分の感情を知ることからです。「今、私はどんな感情？　何を感じているの？」と素直な気持ちに気づくこと。

それがわかったら、ぜひ、それを吐き出してください。表現してください。

吐き出すことで、得られることはたくさんあります。怒りも、苦痛を感じていることも、イライラも不安も全部吐き出すと、安心や安堵《あんど》感が得られるのです。これを精神分析用語で「カタルシス効果」（心の浄化作用）と言います。

例えば、信頼関係がある誰かに話をして、その話に寄り添って聞いてもらえるだけで、心が軽くなり、あなたがこれまで抱えていた大きく見えていた問題ですらも、小さくなります。聞いてもらう相手は、プロの心理カウンセラーでなくても、その種の傾聴スキルを持っている人でなくても、信頼関係さえあれば、効果は絶大です。
あなたの信頼する相手に、早いうちに聞いてもらう――そう、吐き出してください。もし、そういう相手がいなければ、よくリサーチした上で、プロに頼むこともおすすめです。

吐き出したあとはプラスの言葉で締めると、心がほんの少し軽くなるはず。苦しいことを無理矢理に飲み込んだり、ネガティブな言葉で締めてしまうのは、自分自身を蝕《むしば》むことにもなります。**吐き出してからは、必ずプラスの言葉で終わらせるようにしましょう。**

ただし、注意点があります。それは、吐き出したいネガティブなことを、誰か他人に、断りもなく聞かせないようにすることです。
愚痴、否定・非難、悪口、陰口……。吐き出したほうがスッキリするかもしれませんが、聞かされた人は、毒のようなネガティブな言葉たちの影響を受けて、今度はその人の心が蝕まれてしまうかもしれません。

ですから話す前に、「聞いてもらってもいい？」と許可をとって、話を聞いてもらったら、「聞いてくれてありがとう。あなたのおかげで元気になった！」。この言葉で、相手も元気になるのです。

聞いてあげただけで相手の役に立った、自分が聞いてあげたことで相手が元気になったと思えると、聞いた人まで元気になれる——人は誰かの役に立ちたいものなのです。

そして、もうひとつできること。それは、いつもあなたを不快にさせる人がいたら、その人に対して直接言えるようになることです。これは毒を吐くとは少し意味合いが違うので、注意してくださいね。

負の感情を感じたら、可能ならその人にそれを直に伝えるほうがいいのです。理性を働かせなくては……と思い過ぎると、何も言えなくなってしまいます。

「そう言われて私はすごくがっかりしました」「そういう言い方をされると傷つきます」と、そのままの感情を素直に言えばいいのです。あくまで冷静に……。

我慢ばかりするよりずっといいです。長いこと他人に自分の感情が言えなかった人がそれを言えるようになったとき、人生が大きく変わります。

負の感情は放置していてはいけません。いつも同じ人にその感情を感じているなら、離れるか、自分の感情を相手に直接、上手に伝えてみてください。

「毒吐こうよ」と言ったからといって、誰彼かまわず、感情的に、いつも毒ばっかり吐いていこうよ、という意味ではありません。**この吐き出しの目的は、早く消化して、その感情を軽くすることにある**のですから。

いつも毒ばかり口癖のように言っていたら、あなたの人生、その言葉たちに影響を受けた人生になってしまうのは間違いないので、そのあたりは要注意。自分の感情ですから、上手に付き合っていきたいものです。

正しい悪口の言い方

誰かの悪口を言うこと――それが個人的な関係の中であれば、悪口というよりも「吐き出し作業」になり、お互いの守秘のもとで内密にされるなら、大いに結構！

正しい悪口の言い方というものがあるとしたら、それはリリース（解放）でしょう。

リリースとは、抑えた状態からの解き放し。つまり、悪口というよりも、心許す口が堅い人に、心の内を語ることで、苦しく思っていたことを解き放つ作業なのです。

私自身も、悪口を言ったあと、笑いに変えてそれを活力にすることさえあります。モヤモヤしているよりもずっと健全な解消方法で、その後はスッキリして、嫌なことなんてなかったかのように仕事もサクサク進みます。

信頼が成立した間柄での悪口は、悪口というよりも個人の好みの言い合いであって、笑いながら話し、ユーモアで乗り越えることができるものです。

ですから、逆にそういう方法で、誰かが私の悪口を言っていたとしても、気を悪くしたりもしないし、気にもなりません。

逆に、あまりよろしくない悪口の言い方、正しい悪口の作法ができていない人を例をあげて説明します。次のような人には特に注意してください。

まずは、こちらは聞いてもいないのに、わざわざ「誰々さんがあなたのこと悪く言っていたわよ」と告げ口のように言ってくる人。

親しくもない間柄なのに、「誰々さんに気をつけて。誰々さんはね……」とあることないこと、噂話《うわさ》のように広める人。頼んでもいないのに、他人のことに首を突っ込んで、引っかき回す人。

もっと言えば、知りもしないのに、話したこともないのに知ったかぶりして、悪口を触れ回る人。そんな人が世の中にはたくさんいます。そんな人は、下品のレベルを大きく超えて、ただの愚か者です。

たいして仲良くもないのに、そんな情報をいちいち耳に入れようとしてくる人は要注意。あなたの味方のふりして、他の人の評判を下げたいだけの、心根が腐った危ない人なのです。

「人の悪口ばかり言っていると、ブスになる」のです。そしてこの言葉には続きがあります。「だけど溜め込んでばかりいるともっとブスになる」で、さらに続きがあって、「だけど、誰彼かまわずに言うとブスが形状記憶合金のごとく自分の顔に刻み込まれていく」。

誰彼かまわずに触れ回る時点で、その人は闇のような人です。

もちろんそのような人の中には、しかるべき理由があって話をしている場合もあるかもしれませんが、やはり賢いやり方ではないでしょう。余計なことを話す時点で、相手から判断力を奪っていることになるのです。情報を耳に入れられた側には、フィルターがかかってしまうからです。

私自身こういう仕事をしていると、周りにはそんなやり方で評判を落とそうとしてくる人も少なからずいて、中傷されることもあります。その場合、噂話をする張本人でなくても、そういう品のない人と仲良くしている人とも、時には距離を置くようにしています。

付き合っている者同士は、類友で同じですから。波動が流れてくるだけで運気が下がる可能性もあり、いいことはひとつもないのです。

誰と付き合うか、よりも、

誰と付き合わないか、ということのほうが大切なのです。

10人のいい人と付き合っていても、たった一人の愚かな人と付き合うだけで、人生が狂ったりするものです。

ですから、**誰かのことを話す場合は、信頼できる人と、あくまでクローズドの空間で行い、その後は他言しないことが基本中の基本。**ルールなのです。

そして、話している間に何か学びを抜き取り、最後は「我が身はそうならないように気をつけよう」と反面教師にして、すっきり消化することをおすすめします。

これぞ、正しい悪口の言い方。ずっとグチグチ言っているなんて、逆に自分の質を落とします。言ったら、あとは笑いで終わらせ、スカッ!とする。

悪口を言ったらそれが跳ね返ってくる、と思うかもしれませんが、大丈夫です。跳ね返ってきません。グジグジと言って自分の中にいつまでも負の感情を居続けさせることが、「負の引き寄せ」を生じさせてしまうのです。

負の感情をいつまでも消化せず、誰彼かまわず悪口を触れ回る、そんな人が周りにいたら、天が必ず負の報いをすることでしょう。ですから、たとえ悪口を言われたとしても、決して自分で悪口の仕返しをしようなどと思わないこと。

やり返そうと思うことは、自分の品格も下がるだけでなく、品格のなさを知らずしらずのうちに他人に露呈してしまうことになるから、注意してくださいね。

なぜ毒舌を聞くと癒やされるのか？

私が毒を吐くと、喜ぶ人が多いのです。

「ワタナベさんのような真面目な人がそんなこと言うの～？　おもしろい～」そんな感じでしょうか（笑）。

皆さんもご存じの通り、毒舌の人がすごく人気だったり、毒舌ブログのブロガーが支持を集めている、ということがあります。なぜだと思いますか？

それは、日頃、自分では言えない、吐き出せない、心の中に溜まった「毒」「ブラック」「ネガティブ」を他人が代弁してくれて、それを聞くとスッキリするという原理。つまり、相手が言っていることは、自分が言いたかったこと。代わりに言ってもらえることで、スッキリしたり、心が癒やされているのです。

そして、なぜかそういう人たちの言うことは笑えますしね。

『タレントイメージ調査』ランキングというのがありますが、ここ数年間、好きな男性タレントベスト3には、マツコ・デラックスさんがランクインしています。彼（男性のくくりにしていいのかどうかはわかりませんが……）もまた、毒舌キャラです。毒と言っても、あくまで弱き者には優しく、強き者と曲がった者に対しての毒舌だから。

自分では言えないことを誰かが言ってくれるのは、本当にスッキリしますが、しかし、言う側の人には、そこに愛があるかどうか？がとても大切。ただただ不平不満の文句を言いふらしているわけではなく、クリティカル（批判的）に、解決点などを提示するのも賢いところです。

マツコさんのような、愛と笑いがあっての毒舌なのか？　それとも、相手を見下し、自分に賛辞を求めるような毒舌なのか？　人をバカにして笑いを取るような毒舌なのか？を見極める必要もあるかもしれません。

誰かが自分に代わって心の内を代弁してくれると言うのは、本当に癒やされることではありますが、できれば自分でも（全部ではなくてもいいので）、言いたいことは言える強さを持ちたいものです。

「その毒舌にスッキリする」というのは、自分にもそれくらい言いたい気持ちがあるからこその同調なのですから。

音楽もそうです。心理学に〝同質の原理〟というものがあります。どういうことかと言うと、自分が落ち込んでいるときには、暗い音楽を聴いて同調したほうが癒やされる、という感覚と同じ。

この療法を考案したのが精神科医のアルトシューラーで、悲しいときには悲しい音楽を聴くことで、だんだんとその悲しさが癒えていくのです。

実はこれは、音楽だけに限りません。たとえば自分がとても落ち込んでいるときに、ものすごく前向きで明るくて、ポジティブな人から励ましを受けても、元気になるどころか、かえって落ち込むものです。むしろ、自分が癒やされたいと思ったら、自分の感情を共にしてくれる人を選ぶほうが、ずっと早く元気になれるものなのです。

癒やしというのは不思議なもので、人は、何もヒーラーのような人だけに癒やされるわけでも、元気な人に癒やされるわけでもありません。

あなたを励ましたり、助言を与えてくれたりする人よりも、毒舌を言ってくれる人のほうが癒やしてくれることだってあるのです。そう、毒舌な人は、時にあなたを癒やしてくれる存在になり得るのです。

他人の成功話を聞くと胸クソ悪い

「他人の成功話を聞くと胸クソ悪い」

この言葉で、クスッと笑えたあなた、または「そうそう。本音を言えば私も胸クソ悪いわ」と、こんなふうに、心の内をサラリとユーモアを交えて言えたらいいですね。

実はこれ、ある会社の社長の言葉。

以前、その社長と、起業したばかりの40代の女性と私と3人で話をしていました。女性は「私は他人の成功を見るのが好きなんです！　私の使命は自分のクライアントを成功に導くこと。それが喜びです！」と言いました。そのときの社長の答えが非常に面白かった。

「へぇ〜、君は珍しい人だねー。僕なんて、他人の成功話を聞くと胸クソ悪いよ(笑)」と冗談交じりに笑いながら言いました。社長は、意地悪で言っているのではないのです。その起業したばかりの女性が、表面的にいい人を装って、良いことを言っている自分に酔っているのを見抜いていたからです。

彼女は一瞬、社長の言葉に驚き、その後自分の本心に気づいたのです。「そう言われてみれば確かに、自分が成功していないのに、クライアントが成功したら、胸クソ悪くなるわ（笑）」と。そして、まずは自分が成功して稼ぐこと、クライアントたちに憧れるような立場にならないと！と思ったそうです。

人は、往々にして、他人の自慢話が嫌いです。なかには、「人の自慢話を聞くのが楽しい」「やる気が出る」という人もいますが、そのケースは大抵の場合、自分もまた自慢になるようなことがあり、心置きなく同じような立場で自慢をし合うことができる関係。簡単に言えば、自分自身が幸せな状態でいないと、人の幸せは心から喜んではあげられない。

だからこそ、まずは自分を幸せにしないと、周りの人の成功を導くことなどできないのです。

それはあたかも、川で溺れている人を助けるのに、泳げないのに川に飛び込む人などいない、というのと同じことでしょう。

さらにわかりやすいのが、SNS。ちょっと可愛い誰か（または可愛いとは程遠いような人でも）が投稿している、自意識過剰満載な自撮り画像。楽しそうな海外旅行の場面や、ビジネスで成功していて、その人のところに人が集まっている写真。ブランド物のバッグがチラリと写っていたり、ゴージャスな場所でのランチの様子だったり。よく見かけることでしょう。

「可愛くないわ〜」「また始まった、リア充ね」「ブランドもさり気なく写ってますよー。はいはい、間接自慢だよねー」

そのときに出てくるブラックな感情。そんな自分を、どうぞ笑ってあげてください。否定なんてする必要ありません。多くの人が思っていますが、先程お話しした社長のように、思ったことを口に出す人はそんなにいません、むしろ口に出すほうが少数派。

でも、そのような、ブラックな部分がある自分も否定せず、楽しんでください。正直に口に出してしまえば、案外クスッと笑えるものです。

いい人に思われたくて、いいことばかり言っている八方美人になってしまうと、望まない人ばかり寄ってくるもの。ですから、自分に正直に、時に口に出して意思表示することが大事なのです。

それに、あなたの感覚に正しいも間違いもありません。それもまたあなたの一部なのですから。

怒りはその瞬間に表したほうがいいのか？

あなたが子どもを持つ母親なら、次のような経験があるかもしれません。子どもを感情のままに怒ってしまい、はたまた感情に任せて思わず手を上げてしまい、子どもも傷つき、あなたは感情的になってしまった自分を責め、あとでドーンと落ち込んでしまう（時にはそんなこともあると思うので、どうか自分を責めないでくださいね）。

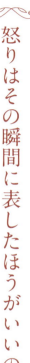

はたまた、会社で、突発的に怒りの感情を出してしまい、それで職を失ってしまうことだって、ないとは言えません。怒りに関しては蓋をしてはいけませんが、爆発させることは、往々にして問題を大きくします。爆発癖がつくと、暴言や暴力にだってなりかねないのです。

「怒り」という感情に振り回されないように、かといって我慢もせず、ちゃんとリリースし、自分でしっかりコントロールできる――そんなふうに、上手に付き合いたいものです。

そして、怒りはその場で相手に向けなくても、ちゃんとスッキリすることができるのです。怒りが湧き上がったらこの5ステップを。

①まず何回か深呼吸してクールダウン、つまりワンクッション（習慣化を目指す）
②その怒りの感情を冷静に伝える
③誰か（カウンセラーでもコーチでも心許す友人）に打ち明ける
④③がいない場合は、その怒りの感情を書きなぐる（ここは誰にも迷惑をかけていないので、ひとりで言葉に出すなど）
⑤「私はなぜこの件で怒りを感じたのだろうか？」と自問する。それにより、自分の大切にしている価値観を引き出しておく

このステップを踏むことで、怒りの感情を上手に吐き出し、付き合っていけるようになります。最初のクールダウンや、ワンクッションの習慣化がつくと、だいぶ、落ち着いてきます。そのあと、「感情は自分で選べる」ということを思い出してくださ

い。

ちなみに私の場合は、このステップに入る前に、文字通り「エネルギーを放出する」という方法を取っています。枕を叩《たた》くとか、思いっきり力いっぱいクッションを踏ん付けるとか（笑）。

ある人は、ビニール袋に１００均のお皿を入れて、思いっきり玄関の床に叩きつけるのだとか。怒りの発散にはすごく効果的だそうです。ただ、ご近所さんがびっくりしないといいのですが（笑）。誰にも迷惑がかからない方法であれば、それもおすすめです。それらの行為も、自分の爆発したいという代替行為で、自分の心の代わりにエネルギーを放出してくれるのでスッキリするのです。

しかし、時に、怒りの感情をコントロールしなくてもいい場合もあります。それは、あなたがいつも誰かに何か嫌なことを言われっぱなしで、自分の感情をこれまで誰かに表現してこなかった場合。もう、自分の枠を壊して、思いっきり感情的に怒っていいときもあるのです。

相手はびっくりして、今後はあなたを尊重するようになるかもしれません。

また別の方法は、無我夢中になってとにかく体を動かして汗を流したり。あるいは、家で一人のときに、目の前にその憎き相手がいるかのように、思いっきり怒りの感情ぶつけてみる。こんな方法でも、怒りは落ち着いてきます。

つまり、**怒りの感情に自分がコントロールされるのではなくて、自分の感情の主人は自分であることを理解する**のです。そうすれば、ある程度怒りの感情は自由に操ることができるようになるはず。

私は、怒ることもありますが、まずはそれを表に出す前に、「さて、スルーするか？　怒るか？　どっちを選択しようかな？」と考えます。そうしているうちに、大抵はクールダウン（その上で、あえて怒りを表現することを選ぶ場合もあります）。過去の経験から、突発的な怒りや感情的な怒りを発散してしまうと、その瞬間はスッキリしますが、逆にその後、メンタルが落ち込んでしまう傾向があるので、こうした方法で平和的に、バランスを取ってやっています。

喜びは2倍に、悲しみと怒りは半分になる方法

嬉しいことがあったとき誰かに言いたくなるのは、その喜びを共有し、相手にも喜んでもらうことでその感情を2倍にしたいから。

悲しいとき、つらいとき、誰かに言いたくなるのは、やはりその感情を共有し、少しでもそのつらい気持ちを、半分だけ背負ってもらい軽くしたいから。

「喜びは2倍に悲しみと怒りは半分に」とよく言われますが、親しい人や愛する人、あなたの応援者と感情を共有すると、おのずとそうなるのです。

この項では、それを一人でしてみよう！という提案をします。喜びが2倍になったら、行動力も上がります。悲しみが半分になったら、落ち込み過ぎることもなく、早く立ち直って次に進めます。ぜひトライしてみてください。

やり方ですが、結論から言いますと、感情をとにかく言葉で表すことです。かといって、電車に乗っているときとか、道を歩いているときではありません。やってもい

いですが、白い目で見られたり、注目され過ぎてしまったりすることがあるかもしれないので、あくまで自己責任で（笑）。

話を戻しますと、つまり、「発する言葉で、私たちから発する周波数や波動は変わる」ということ。**感情も思考もそうですが、とにかく言葉による力が大きく、体や脳や潜在意識には、心が伴っていなくても影響を及ぼす**のです。

まず、喜びを2倍にする方法。例えば、おいしいスイーツを食べたときに、その感情をそのまま言葉にして言ってみるのです。「おいしい〜」とか「幸せ〜」と感情をのせて言ってみる。実際においしいと感じるのは、舌ではなくて脳です。味覚を通して脳に信号が行き、おいしいとか幸せといった脳内物質が出て、それを感じるという仕組みです。

さらに付け加えるなら、その言葉は聴覚を通してまた脳に伝わり、さらに声を出すことで体全体にバイブレーション（振動）が伝わります。幸せな言葉は、より幸せなバイブレーションとなります。

さらに、そこにゼスチャーが加わると、どうなると思いますか？

「ああ〜、幸せ〜」と言ったときに、例えば両手を両頬に当てて、その幸せ感をゼスチャーで表現したとします。すると今度は、筋肉を使って運動していることになります。

表情フィードバック仮説というのがあり、1880年頃にアメリカの心理学者ウィリアム・ジェームスとデンマークの心理学者カール・ラングが別々ではあるのですが、「刺激を受けて身体変化が起き、それに伴って情動が変化する」のではないかという仮説を立てたそうです。つまり「嬉しいから笑う」のではなく、「笑うから嬉しい」というものです。

つまり、その仮設で説明するとしたら体の筋肉、「幸せ〜」と言ったときの表情筋の動き、その表情筋によって顔面にフィードバックすることで、脳に伝わり、感情もよりいっそう幸せになるのです。

さらに良いことがあります。それを家族の前で言ったとします。例えば、旦那さんが洗い物をしてくれて嬉しくて、「いつもありがとう。あなたの妻で幸せ〜」と言って、彼に抱きついたりします。

感情、言葉の振動、運動、表情筋の動きなどで、自分に影響が及ぶだけではなく、それを言われた旦那さんも嬉しいと感じる、のは当然ですが……。さらに、心地良い言葉を投げかけられ、幸せな人を目の前で見ることができた旦那さんは、ミラーニューロンによって相手の状態を真似したくなる。ミラーニューロンとは脳内にある神経細胞のひとつで、自分が行動したときだけでなく、他者がする行動を見たときにも鏡のように活性化するもの。そう、妻の言った「幸せ〜」が旦那さんをも同じく幸せにするのです。みんなで幸せサイクルに突入です！

さあ、プラスの感情で、あなたのみならず、相手にも喜びのお裾《すそ》分けができることがわかりましたね。

では、次に負の感情、怒りや悲しみも一人で半分にする方法についてお話しします。もちろん相談できる相手がいて、感情のアウトプットをすればかなりスッキリしますが、いつもいつも人に相談できないかもしれません。それを一人でもやってみましょう。

ファーストステップは同じです。感情を言葉に出すこと。

そんなに強い負の感情でなければ、それだけでその感情は半分になることでしょう。負の感情ほど、発散することはあまりなくて、ほとんどの場合は我慢してしまう。この我慢に我慢が重なって、その感情が消化される前にまた我慢が重なると、あるときプッツリ！なんてこともありえます。先にもお伝えした通り、対処はこまめに、その日のうちに、です。

例えば一人のときに、実際に声に出して言ってみましょう。

今日、仕事中に部長にムカついたら、「部長ー！　チョームカつくー！」と言ってみる。できれば、頭の中では部長にカトちゃんのカツラとメガネと髭《ひげ》をつけて言ってみる。部長がヅラそのものでしたら、アイテムは必要ありませんが（笑）。

ママ友にしようもないことでグダグダ言われ、面倒臭いな、と思ったら、一人になったときに、その場面をありありと思い出し、イメージの中で相手に向かって、「何それ？　しょーーーーもなっ！」と言ってみる。

このように、とりあえず言葉に出して言ってみる。言ったときに、不思議と、心にかかっていた圧力が少しだけ抜ける感じがすることでしょう。
寒いときに「さむっ！」と言う。暑いときに「あつっー！」と言う。痛いときに我慢せず、「いったーい！」と言う。それぞれの感覚が、言葉に出すことで緩和されるという心理が働くのです。

多少、口から文句が出たとしても、一人だったら誰にも迷惑なんてかかりません。我慢してイライラして、長い時間心にそれを残しておくことのほうが危険です。長時間にわたって発せられるその波動こそが、同じようなイライラの事象を引き寄せてしまうから。

前に述べた、**カタルシス効果（心の浄化）は、無理やり納得させるよりも、早く心から吐き出して、その後納得させたほうが早いのです。**まずは自分で、その感情を口に出してみて、喜びを2倍にし、悲しみや怒りは半分にするトレーニングをしてみましょう。小さなことから始めれば、自分でも必ずできるようになります。

最善の解決方法「書き出す」

ここまで、苦しい心やつらかった思いを放置しないで、吐き出すなり、対処するなり、何かしらアクションを起こしてみることをお伝えしてきました。ネガティブな感情は、見つめ過ぎてもいけないのです。見つめ過ぎてそこから抜け出せなくなる人もいて、もっともっとつらくなる可能性もあるからです。

ここで、心理カウセリングとコーチングの違いを一つ挙げるとしたら、クライアントの苦しいことを解放するのに、次のような違いがあります。

・心理カウンセリング↓【過去に視点を向け原因を見つけてそれを取り除く】
・コーチング↓【未来に視点を向け、どうなりたいかを明確にし、それにどう向かうのか】

もちろん、どちらの手法も効果があります。クライアントの傾向や資質がありますから、一概に「これが答え！」「スパーンと解決！」というものでもないのですが、私の場合は、心を扱うＮＬＰ（神経言語プログラミング）手法と、行動につなげるコーチング手法の２つを使います。参考になる点があると思うので、ここではコーチング手法を少し説明していきます。

大切なポイントは、過去のつらいことやネガティブな感情の部分に、あまりフォーカスし過ぎないこと。吐き出し作業の際は過去には軽く触れる程度です。あとは、未来にどうなりたいか？という、その人の理想の自分と未来に視点を向けます。

過去に視点を向けたとき、その人は過去の経験をたくさん話したいことでしょう。話せば話すほど、ドロドロに入っていく人もいますし、「話してスッキリしました！」という人もいます。

しかし、話してスッキリする人は、その場限りの一時的な気持ちの良さで、実は何の解決にもならないことも多いのです。そして、また同じ話をしたがる傾向があります。

話せば話すほど、その負の感情やつらい経験は、さらに大きな出来事として記憶に残り、その記憶はどんどん解釈を変え、話せば話すほど悲劇のヒロインに仕立て上げます。本当に注意が必要なのです。

ですから私は、往々にして、過去のことを聞いても、感情移入はあまりしません。カウンセリングやコミュニケーション術の基本と言われている「共感と感情移入」を、あまりしないようにするのです。

負の感情のバイブレーションが共鳴し合い、つらかっただの、苦しかっただのが、どんどん増大されていくからです。悲しい話に共感するとクライアントは喜びますが、そうなると、カウンセラーからいつまでたっても卒業できないクライアントの一丁上がり！　いわゆる「依存関係」ができ上がり、お金も時間もたくさん要します。

コミュニケーション術では「共感とか感情移入が大切」とされてはいますが、プロがそれをすると、ただの友だち同士の悩み相談室になってしまいます。だからこそ、プロのコーチやカウンセラーはこうしたことはニュートラルな立ち位置で扱います。

そして、過去がどんなにつらかったとしても、そのつらかった出来事を俯瞰《ふかん》して、「そこからの教訓は何？」と質問して、教訓を取り出す。それだけです。

この手法だけで、つらい出来事も、「人として成長できた、人生の中での大切な材料」に早変わり。そうすると、思い出しても具合が悪くなるどころか、あのときのようにならないよう気をつけよう！という気持ちにさえなり、それを健全に扱えるようになるのです。

どんなにひどかったことでも、全部教訓です。心理学の世界では、今の現実は、すべて自分が作り出した世界であり、これからの世界も、全部自分で作っていくことができるもの――すべてが意味づけの問題であり、「これからどういう生き方をするか？」という前提に、自由自在に人生を作り出していくことができるのです。

複雑にすることはありませんが、注意点は、**自分の中で起きる苦しさや憎しみ、嫉**

妬、悲しみといった感情を綺麗な言葉で塗り替えないことです。

そして、心の奥底に押し込めて、見なかったことにして蓋をして知らないふりもしないこと。かといって、先ほど書きましたように、見つめ過ぎても、ドロドロです。**そうした自分の中にある負の感情を排除しなくてもいい。イメージは、排除ではなくて、融合です。**自分の大切な部分に溶けることで、自分の成長には必要だった、貴重な経験と感情になるのです。

教訓を取り出したあと、次にやってほしいことが一つあります。それは、「これに関しての自分の理想の状態は何?」という問いかけです。

理想の状態、つまりそれがゴールになりますから、理想のところに行くための道筋をちゃんと作ってあげたほうが、当然ですが辿り着きやすいのです。たとえば、こんなふうにです。

あなたは、会社で大きな失敗をして上司から怒られて、ひどく凹《へこ》んでいるとしましょう。会社に大きな損失を及ぼし、会社にいづらい。もう会社に行きたくない。どうしよう……という問題があったとします。

そのとき、あなたの中は怒りなのか、悲しみなのか、よくわからない感情がグルグルしています。

「今、私は何を感じているのだろう?」と自問します。書き出してもいいでしょう。考えているうちに、その感情はどんどん収まっていきます。感情からポン!と外れて思考の部分を使っているので、感情面が落ち着いてきます。

そこで一つの感情が見つかるかもしれません。たとえば「私は、自分の不甲斐なさにがっかりしている。そして自己嫌悪に陥っている」という正直な気持ちが見つかったとします。

それを感じきってください。大きな失敗をしたのだから当然ですし、社長が怒るのももっともです。自分にできることは責任を取って辞めることだろうか?それとも今後、一切そうならないように、思いを新たに頑張ることだろうか?と考えます。

この状況からあなたが「教訓」を取り出すとしたら何でしょうか? 書き出してみてください。もしかしたら、今後は慎重に仕事をすること、まめなチェックを怠らない。落ち着いて仕事をする……など、いろいろと答えが出るかもしれません。

そして、最後に、「この件についての理想の状態」を考えます。

会社を辞めたいですか？　それとも以前のように続けたいですか？　辞めたいなら辞める方法を探せばいいし、続けたいなら、続けていくために心を入れ替えて、できる限りのことを誠心誠意やり続けて、その姿を上司に見てもらうしかないのです。

この手法を使って整理していけば、いろいろな問題が解決します。**ゴールさえ決めれば、脳も潜在意識も、そこに向かいたくなるからです。もう過去に戻ってグチグチ言うのがバカらしくなってきます。**

どんなに今がつらくても、どんなに過去がひどい状態だったとしても、未来はあなたが「こうなる！」と意識を向けたところに向かいたくなります。

のちに、消してしまいたいような過去ですら、すべて良かった経験と解釈できます。どんな問題があったとしても、このような解決方法で、すべての経験が◎！になるのです。

嫌悪 aversion

嫌いな人が気になる理由

たとえばSNS。好きな人に加えてついつい、嫌いな人も見てしまう。なぜ嫌いなのに、その人から目が離せないのか？　その心理はいかに？

嫌いなのに見てしまうのは、結局は興味関心があって、気になって仕方がない。つまりは好きと同じ心理。好きな人を見ていたいのと同様、嫌いな人のブログもFacebookも嫌な気持ちになりながら、文句言いながら見ているのです。「嫌いなら見なければいいのに……」。何度そう思っても、やめられないとまらない、かっぱえびせんのような（笑）。時に、執着さえ感じるほどです。

「他人は自分を映す鏡である」という言葉を聞いたことがあるかと思いますが、それは心理学的には「投影」と言います。つまり、相手が鏡のように、自分の姿を映し出すのです。そして、嫌いな人から映し出されることにはいくつかのパターンがあります。それがわかると、嫌いなのに、なぜそんなに気になるのかが理解できるでしょう。

嫌いな人には何が映し出されるかと言うと、ひとつは、自分の中にある嫌いな部分。つまりどこか似た者同士で気になってしまうのです。

もうひとつは、嫌いな人は自分の価値観とはまったく異なるがゆえに、あなたの価値観を無視した行動をとっているのが許せないと、深層心理で思っているから嫌いなのです。つまり、嫌いな相手を見て、そこに自分の価値観の真逆が写って苛立つのです。


さらに別のパターンとして、あなたが嫌いな人というのは、あなた自身がやってはいけないと思っていることや自分に禁止していること、または、欲しいけど手に入らないものを持っている人でもあります。つまり、あなたのやってみたかったことや、憧れ、目標が嫌いな人に映し出されることがあるのです。

たとえば、あなたは若い頃に、もっと自由にファッションを楽しみたかったし、髪も染めたかった、メイクももっと派手にしてみたかった。男性とも自由に付き合いたかった……しかし、親がそれを許してくれず、高校も大学時代も親に縛られて、苦しかったとします。

そんなときに、親の縛りもまったくなしに、自由気ままに生きている人を見て、素直に「うらやましいな〜」と出てくるならまだいいのですが。そうではなく、「なに？　あの男に媚びているファッションは。はしたない」とか、さらに、お金があって自由に楽しんでいる人を見て、「お金なんてたくさん持つと、いいことなんてないわ！」というように、ひねくれた反応をしてしまうかもしれません。

それは、自分の本心に気づいていないから、気づきたくないから相手を攻撃する。嫌うことで自分の真の気持ちをかえって見えなくしてしまっているのです。

これは、決して性格がいいとか悪いとかではなくて、心理的な作用です。ですから、相手を通して自分が見える。苦手、嫌い、ムカつく相手にほど、自分の奥底にある心理が隠されているものなのです。むしろ、嫌いな人にマイナスの感情が出たときこそ、掘り下げてみたとき、自分のプラスの感情、肯定的な意図を知るチャンスなのです。

嫌いな人からわかることは山のようにあります。「あの人嫌い！」で終わらせるのもいいのですが、時には実験台にしてしまって、自分の心の内側と徹底的に向き合う材料にできたら面白いもの。そうすると、自分の中に認めたくないドロドロしたものが出てきたり、大切にしている価値観がハッキリ見えてきたりします。

自分という存在は、なかなか客観視できないものですが、嫌いな人を通して自己分析したときに、今まで気づかなかった、いろいろなことがわかりそうです。

STEP

3

ネガティブ感情を暴れさせないために

向き合う・付き合う

その感情の裏側、知っていますか？

「感情的」という言葉は、一般的には、なんとなくいい印象がないかもしれません。大人でしたら、自分の感情をコントロールして、周りの人々に合わせて、平和にやっていくべき――それが、社会で通用する生き方だとされているからです。

しかし、もっと自分の感情を知って、その感情と同じ行動、その感情に背かない生き方すること、「感情的に生きる」ことこそ、実は大切にすべきなのです。

知能指数「ＩＱ」というのを聞いたことがあると思いますが、心の知能指数「ＥＱ(Emotional Intelligence Quotient)」というものもあります。ＩＱは人間の知能の高さのひとつの基準ですが、ＥＱとは、自分自身や他人の感情を知覚・理解し、同時に自分の感情をコントロールする知能を指します。

以前、ＥＱの研修に参加したときに、自分の指数を診断しました。最初にするのは、そのときの自分の感情がどんなものなのかを知ること。「自分の感情くらい、わかるでしょ？」と思うかもしれませんが、実際は、怒っているのか？　悲しいのか？　苦痛なのか？　どうしたいと感情が叫んでいるのか、わからない人が多いのです。

小さな子どもは、お母さんに関心を払ってもらいたくて、暴れたり、泣いたり、無茶を言ったりして、時に困らせるかもしれません。わがままに見えるその行動は、本当にわがままなのでしょうか？　いいえ、ただお母さんが好きだからしているのです。関心を払ってもらいたくてしていること。

しかし、お母さんは、子どものその行動をいつも無視したり、「わがままを言うんじゃありません！」と怒ったりスルーばかりしていたら、子どもはどうなるでしょうか？

自分が感情を出せば、お母さんは怒る。もしくは無視される。だったらいい子でいようと、感情を出さない人に成長してしまうことでしょう。

自分の感情というのは、まるで小さな子どものような存在です。小さなあなたが、あなたの心の中で暴れるのです。なぜ暴れるのか？　それは自分の奥底にある感情をあなたに知ってもらいたいから。
わかってもらえない圧縮された負の感情は、蓄積されていくうちに、いつか爆発したり壊れたりして、取り返しのつかないことになるのです。だからこそ、感情と向き合うことが大切になるのです。

特に負の感情とは、あまり向き合いたくないと人は無意識に思っています。しかし、その負の感情と呼ばれているものこそが、あなたの真の生き方やあり方などを教える、非常に大切なメッセージが納まっている宝庫なのです。
負の感情に向き合うと、ドロドロした気持ちになる人もいるかもしれませんが、それはやり方がちょっぴり違っているだけ。負の感情そのものに目を向けるのではなくて、その反対側にある「肯定的な意図」、つまりポジティブな面を拾うのです。つまり、「なぜその負の感情が湧き上がっているのか？」を見つめ、自分の正直な気持ちをわかってあげること。

たとえば、友だちに自分の考えを伝えたときに、否定されて落ち込んだとしましょう。自分の意見を言って、相手からその考えは違うとか、正しくないと言われたとして、あなたが落ち込む理由はなんでしょうか？

そこには、「自分を受け入れてほしかった」「認めてほしかった」という気持ちがあるのかもしれません。なぜなら、あなたはいつも、他人の考えを受けとめて、認めてあげることを大切にしているからです。

そこまでわかると、その落ち込みには、あなたの価値観の中に、他人の意見を受け入れて認めてあげるという、とてもいい志向が隠されていたことがわかるのです。

これができるようになると「負の感情も悪くないな〜」と思えてきます。

いいよ、人の幸せが喜べないときがあっても

「他人の幸せを喜んであげられない私って、嫌なやつ」……なんて自分のことを責めていませんか？　はたまた、「私ってなんて性格が悪いのだろう」とがっかりしていませんか？　しかし、何度もお伝えしてきた通り、性格の悪さも黒い感情も、時に人の幸せを喜べなくても、大いに結構！　年齢を重ねているのにブラックな部分のひとつも持ちわせていないなんて、逆に不自然。おかしなものなのです。

人が、本当に心から、他人の幸せを喜べるときというのは、自分自身が満たされて、幸せなとき。逆に、他人の幸せを喜べないときというのは、大切な警告（ワーニング・サイン）が自らに発せられているとき。

「自分を労《いたわ》りなさい。愛しなさい。無理しちゃいけないよ。心が苦しいよ」という、内なるところからのＳＯＳの声なのです。ですから、そんなときは他人の幸せを喜んでいる場合ではなくて、一刻も早く自分を労ってあげるべきなのです。

職業柄、クライアントから「妬みを感じている自分が嫌だ」といった相談をされることは山ほどありましたが、そこからもわかるように、誰にでもある、ごくごく普通の感情なのです。どうか自分を責めないでください。

あなたが妊娠を望んでいて、なかなかできず苦しいとき。仲が良かった友人が妊娠したら、涙も出るでしょうし、妬む気持ちが出て当たり前。そんな汚い気持ちを持つ自分を「最悪だ」なんて否定しないでください。

結婚したくて婚活を頑張っていても、なかなかご縁に恵まれないとき、友だちが彼氏を見つけてスピード結婚、なんて具合に、周りの独身者がどんどん減っていったら、心がチクっとしたり、ズキッとするのは当たり前。

自分の夫が暴君で、経済的にも苦しくて、夫婦間も冷えきってギスギスしているときに、友だち夫婦がとても仲睦《なかむつ》まじく、旦那さんが奥さんに優しくしている。そして、経済的に豊かで、海外に行っただの、ブランド物を買ってもらっただのを見てつらく思うことも、誰にだってありますから。

自分のことで精一杯で、本当に苦しいときは、人の幸せを祝福することなんてなかなかできやしません。それが普通です。

そんなときは、悲劇のヒロインにならずに、自分を慰め、労り、喜ばせることに集中しましょう。今ある身近で小さな幸せを見つけて、それを数え上げてみましょう。できる範囲で、自分を喜ばせるなんらかの手段を講じましょう。

そうしているうちに自分の幸せも見えてきて、ひとたび力を得たら――妬みの気持ちを行動力というパワーに変えてはどうか、そちらに最大限にエネルギー転換してください。

本当は誰だって、他人の幸せを心から祝福してあげたいと思いますし、喜んであげたいとも思っているもの。だからこそ、できない自分を責めているのであって、本当は「喜んであげたい」という気持ちがあるだけでも、あなたの中には、優しさがちゃんと存在しているのです。優しささえない人は、そんなことも思わないのですから。

そして、それができないくらいあなた自身が疲弊しているのなら、苦しみの原因となっている部分は目に入れない、関わらない――そんな時期があってもまったく問題なし。まずは、とにかく自分に集中しましょう。

SNSモヤモヤ病のあなたへ

あなたはSNSを楽しんでいますか？　それとも、誰かの投稿を見てモヤモヤし過ぎて、「モヤモヤ病」になってはいませんか？

SNSでの発信を始めると、自分の投稿に誰かが反応してくれたときは本当に楽しくなってきます。

ツイッターはただのつぶやきで、反応がなくても、自分の吐き出しの場所として使っている人もいますが、フェイスブックやインスタは「いいね！」の数やコメントなどリアクションがあるので、それを競う人もいるくらい。反応がないと悲しくなる人もいますが、SNSをやめるか続けるかのボーダーラインは、他人のSNSを見て、何度か負の感情が出たら、即刻見るのをやめることです。

特にSNSを使ったビジネスをしている人ですと、同業者の動きが気になります。しかし、それは切り貼りの世界で、事実とは違って見えるもの。ビジネスをやっている人の中には、数字を盛る人、事実以上によく見せる人、うらやましがられるような場面だけアップする人もいるでしょう。いえSNSは、基本はいいときだけアップするものなので、家でどうでもいい格好をして、カップらーめんを食べているときに投稿する人は稀です。

もしそういうリア充な場面を見てモヤモヤするようなら、もうあなたはモヤモヤ病にかかっていますから、SNSをやめるときなのです。

SNSモヤモヤ病は、なんと、起業していない人にまで蔓延している病で、一種の社会現象です。そんな状態な人が多いので、「いいね!」の数のために、リア充アピール代行、なんて会社までできてしまう時代になったのです。

その会社は何をするかというと、誕生日に友だちにワイワイと祝ってもらっている様子を見せるのに、会社のスタッフに来てもらって写真を撮り、SNSにアップするのです。

または、元彼・元カノに、素敵な相手といるように見せるために、スタッフを呼んでラブラブな雰囲気で写真を撮ってSNSにアップ。ほかには、友だちと旅行でワイワイと楽しんでいるように見せるために、スタッフを呼んで楽しい雰囲気を写真に撮ってアップ。

お金と時間の無駄だと思うのは私だけでしょうか？　しかも、いかに虚しいかは、やっている本人が一番ご存じ。

そんなことするくらいなら、「一人で映画見てまーす！」「一人らーめんしてまーす！」「一人で高級ホテルでディナー食べてまーす！」「ヒトカラ（一人カラオケ）してまーす！」「海外一人旅していまーす！」の自撮りを載せていたほうがかっこいいでしょうに……。

自立している女性のほうが潔いと思いませんか？

中身がないスッカラカンの自分を盛りに盛ってよく見せたとしても、虚しい風が心の中を通り過ぎて、もっとみじめな気持ちになることでしょう。そんな誰かと競う人生、もうやめましょう。

そんな人は、もうＳＮＳを見るのをキッパリやめて、本の１ページでも読んでいたほうがいいですし、部屋の片付け、机の中の整理整頓でもしていたほうがよっぽどいい。

ＳＮＳはあなたの世界を広げるものでもありますが、使いようによってはあなたの精神を蝕むものにもなりかねません。モヤモヤ病にかかった人は、もう、あの人のＳＮＳは見ない！と決めてください。

フォローを外しても、相手には知らされないので、そういう決断も大切です。ＳＮＳで誰かと闘う必要なんてないのです。人生でも同じです。

人間関係のバランス理論

人は無意識に、人間関係においてバランスを取ろうとします。

どういうことかと言いますと、例えば、パートナーがポジティブ過ぎると、片方は、ネガティブになります。そうやって、お互いの中でバランスを取るのです。

逆もあって、元来ネガティブな性格であったとしても、付き合う相手が自分よりもさらにネガティブだと、自分はポジティブになり、相手を前向きに励ましていたりします。役割があるのです。


家族関係にはそれが顕著にあらわれます。夫婦ですと、だらしない夫にはきっちりした妻、きっちりした夫にはなんか抜けている妻。親子の場合は、よくしゃべる親には無口な子ども、静かな親にはやんちゃな子ども……なんて具合に見事にバランスを取ります（当然、１００％ではありませんけどね）。

力関係にもよりますが、より強いほうの資質が出ていれば、相手はその反対の立場をとってバランスを取る、ということなのです。

これをどのように普段の生活に適用できるでしょうか？

例えば、他人に尽くし過ぎる傾向がある人。つまり、与えてばかりいるわけですから、相手はバランスを取るために、受け取る役割になり、自分から相手に与えることをしないかもしれません。

尽くし過ぎる女性が、なかなか相手に尽くしてもらえないのは、そういう人間関係のバランスが関係しているのです。そして、あまりにもきっちりしている女性は、ダメ男製造機になってしまう可能性も、これまた大なのです。

また逆に、相手の自由を奪おうと、いつも監視・依存しているような状態だと、相手はもっともっと自由を望み、嘘をついたり暴走したりします。

私も経験したことがあります。以前、元夫があるセミナーに参加したとき、すごく高揚して帰宅し、その日に学んだいろいろなことを意気揚々と話し始めました。

あまりにも熱意が高まりポジティブ全開になっていたので、私は無意識にバランスを取って、彼がワクワクして言うことに対し、「それはどうかと思うよ？」とか、「現実的に言えば、無理じゃない？」など、クールダウンさせるようなことばかり言ってしまいました。

私はコーチングのプロですから、相手のワクワクの感情を削《そ》いではいけませんし、他の人を応援する立場ですから、そのときは、コーチとしてはありえないほどクリティカル（批判的）な立場になり、リスクヘッジ（損失の危険を回避すること）ばかりしている自分がいました。

ポジティブな私でも、相手がテンションアゲアゲのポジティブ過ぎる状態ですと、無意識にバランスを取るものである、ということに自分でも驚きました。

ここでお伝えしたいことは、「しっかりしなきゃ！」とか「ちゃんとしないと、周りに迷惑がかかる！」なんて思い過ぎないことです。

あなたがしっかりすればするほど、周りはバランスを取ろうとして、だらしなくなったりして、結果あなたにばかり負担がかかる可能性がある、ということ。

時にだらしなく、
時にわがままでも、
時に爆発することがあっても、
時に泣いても、
時に自己中になっても、
大丈夫、と言うことです。

たまにあなたがネガティブになっても、相手はポジティブになってくれますし、たまには相手がネガティブになれば、あなたはポジティブな役目を引き受け、いい感じにバランスを取ろうとします。
だから、無理してポジティブにばかりならなくてもいいのです。

めげない自分になる

昔、すごく面倒臭い性格の友だちがいました。その人は相手を傷つけるようなことを面と向かって言ったり、相手の欠点をズバッと口にする割には、自分が言われると、怒る、落ち込む、口を尖《とが》らせる、ほっぺがふくらませる、涙目になる、挙句の果てには子どものように「プイッ」とする（笑）。まるで子どものまま、大人の年齢になってしまったような女性でした。

昔の私は、ちょっと八方美人なところがあったので、そのような人とも上手に付き合っていたつもりが、時には私も彼女に対して本音がぽろりと出て、相手を怒らせてしまうことも。そうなると、彼女から10倍返しくらいでキツイことを言われて今度はこっちが凹む……なんてことの繰り返しでした。

あなたの周りには、そのような人がいませんか？「本当のことを言って何が悪いの？」なんて調子で、あなたが気にしていることをズケズケと指摘したり、バカにしたりする人もいるかもしれません。いつもそのような対応をされると、がっかりしますし、自信がなくなりますよね。

でも、そのような言われ方をして、怒るくらいの強さがあるなら大丈夫です。このようなケースでは、我慢が美徳ではありません。嫌なことを言われたら、あなたは怒ってもいいのです。

ただし、怒りを感情的にぶちまけることや、SNSで（名前を出さないから大丈夫なんて思って）、チクリチクリとその人を批判したりするのはやめましょう。自分の品格を落とすだけです。

次の機会に、**もしあなたがそんなことを言われたら、まずは真顔になる。次に黙る。そして「はぁ〜、傷つくわ〜」と言ってみてください。**相手はかなりドキッとすることでしょう。なぜなら、そのような人はあなたを傷つけようなんてこれっぽっちも思ってもいないのですから。

もしかしてその人は、おせっかいだったり、ただ単に性格が悪いだけで、相手の気持ちを気遣うとか、相手がそう言われたらどんな気持ちになるのか？ということすら気づけない未熟な人で、かなり鈍感な人なのかもしれません。

コミュニケーション術の一つに、「Ｙｏｕメッセージ」と「Ｉメッセージ」というのがあります。相手に何かを伝えるときに、Ｙｏｕが主語なのか、Ｉが主語なのか、その違いです。

「なんであなたはいつもそういう話し方しかできないのよ!!」は、Ｙｏｕメッセージ。ほかにも、「あなたの言い方はキツイ」とか。逆に「はぁ〜、私、傷つくわ〜」はＩメッセージ。私が主語です。

相手に伝わりやすい、または受け取りやすいメッセージは、Ｉメッセージです。Ｙｏｕメッセージはインパクトはありますが、伝えたことに関しての記憶は、持続性がないのです。

Ｉメッセージは、そのときのインパクトはないですが、ジワリジワリと相手に響き、そのぶんあなたの感情をしっかり伝えていることになります。

いつもあなたを不快にさせる人というのはだいたい決まっていることでしょう。次に言われたときのために、言葉に出して練習してみてください。「はぁ～、傷つくわ～」です。または、「〇〇と話すと、いつも落ち込むわ～」です。

こんなふうに言われたら、相手も自分の言葉に気をつけようと思うはず。

他人に言われたことで落ち込んだり凹んだりするのはよくあることですが、いつも同じ相手と話していて、そういう気持ちになる場合は、その人との付き合いがあなたにとって大切なものなのか？ 本当に心地良いかどうか？ を考えたほうがいいかもしれません。

いつもいつも、同じ人が原因で、いちいちめげている場合ではありません。

どうしても付き合わなければならないなら、あなたとその人は対等なので、見下されたり、ひどいことを言われたりするのを、ずっと許したままにしてはいけません。

付き合う頻度や距離感なども、まずは「自分にとって心地良いほう」を選択することが大切です。

あなたはエネルギーを与える人ですか？　奪う人ですか？

ここ数年で流行っている言葉「意識高い系」。これは皮肉を込めた言い方ですが、つまり前向きで、いつもテンション&エネルギーが高めで、人を励ましている立場だと、自分で思い込んでいるような人。

やたらエネルギー値が高く、テンション高めですが、高いからといって他の人にエネルギーを与える人というわけではありません。大抵は一人でエネルギーが高く、一人で熱い人……というか暑苦しい人（笑）。周りはかなり引いている、というケースも多々あるでしょう。

ここでいうエネルギーを与える人というのは、相手を心地良くさせたり、または無意識にですが、相手の周波数（波動）にチューニングできる人のこと。

悲しい顔をして沈んでいる人に、めちゃくちゃ明るく接して、「誰だって、つらいことはあるよ！　ほらほら元気出して!!」と言って、元気が出ることはあまりありません。むしろ、その人の寂しさに共感したり、同調したりすると、同じ周波数になり、共鳴が始まり、その人は癒やされて、元気になっていきます。

同調すると、相手の気持ちがわかったり、それを手に取るように感じたりすることができます。お互いがそうなります。まるでエネルギーの交換をしているように。

そうしているうちに、話しているだけ、もしくは話さなくても、一緒にいるだけで元気になることがあります。それが、エネルギーを与える人なのです。

エネルギーを与える人というのは、元気がない人には慰めと支えを与え、元気な人にはさらなる元気と活力を与える。多くの人に対して、無意識レベルで相手に合わせて相手とのパイプをつなげ、そこから少しずつ栄養素を与えられるような人なのです。

「無意識レベルで合わせる」と書きましたが、これは意識的にもできます。心理学用語で〝ペーシング（同調行動）〟といって、簡単に言うと相手のペースに合わせること。

ゆっくり話している人には、ゆっくりと。その人が使う言葉たちをあえて使ってみたり、目を合わせようとしないなら、自分もあまり目を見つめたりせず、視線をそらしてあげたり……。歩み寄るのは少しずつでいいのです。

そうすることで急速に、相手との信頼関係を築くことができます。コーチングやカウンセリングなどは特に、どんなに高いスキルがあっても、これがないと効力を発揮できません。エネルギーを与えられる人というのは、愛情深く、相手を元気にすることに長けています。

では、エネルギーを相手から奪う人というのはどんな特徴があるのでしょうか？それは言葉遣いの善し悪しは関係ありません。言葉遣いが悪くても、愛情があるだけで、エネルギーを与える人になり得るからです。逆に、言葉遣いが丁寧でも、相手からエネルギーを奪う人もいます。その特徴は……。

攻撃、妬み、否定、愚痴、自慢話、不平不満ばかり言う、利己的に自分の益だけを図り、相手の気持ちを考えずに言葉を発するなど。相手の落ち度ばかりに目をとめる人。

心がつらいとき、つい愚痴がこぼれてしまうことがあります。しかし、そのことで人からエネルギーを奪うわけではありません。**愚痴だけを言い続けることがエネルギーを奪う人になる**のです。

愚痴を言ったら、その吐き出した黒い物が心からなくなったことに意識を向けてみてください。「ああ、吐き出せた」と。吐き出したら、あなたの心の中からはそれがなくなっているのです。聞いてくれる人がいた、というだけで、心は軽くなっているはず。それを相手に伝えてみてください。感謝してください。

「あなたのおかげで心が軽くなった〜」と。

相手は、その言葉を聞いただけで、元気になれるのです。

人は誰かの力になりたいものなのです。自分がその役目を担えたら、それは喜びとなることでしょう。それもまた、エネルギーを与える人なのです。たとえ愚痴を吐き出したとしても、こうしたエネルギーの交換ができれば、エネルギーを与える人になれるのです。

人を愛情深く見るだけで、エネルギーを与える人になることができます。しかし、自分の中にあるエネルギーは無限なわけではありません。時に、枯渇したような気分になることもあるでしょう。

ですから、もし自分の周りに、自分を疲れさせる人がいるなら、適度に距離を置いたり、離れてみることが必要になることもあるでしょう。文字通りの距離が置けない場合は、精神的な距離を置いてください。

そしてぜひ、エネルギーを与えてくれるような人と意識的に交友を持ってください。できるだけ、「この人と話していると、なんかわかんないけど元気になるわー」という人と会うようにしてください。そして、ひとたび元気になったら、今度はそのエネルギーを誰かに与える――あなたが周りを元気にする「エネルギー源」になれたらいいですね。

自分ってダメだな～、という思いを肯定的に捉えてみる

ネガティブな人の特徴の一つに、いつも自己否定をしてしまう、というものがあります。

否定は否定を生み、自己否定をしているうちに、自分のみならず、他の人のことまでも否定したくなるものです。つまり、自分に厳しい人は例外なく、他人にも厳しいものです。

自分の落ち度やできていない部分をいつも否定していると、たとえて言うなら、一つひとつの細胞が腐っていくような状態になります。そうなると、何かをやろうとしても、失敗体験やできない自分、まだまだな自分、他人と比べての欠乏感や足りない部分を見つめてしまい、負のサイクルに入ってしまうのです。

多くの人は、「自己否定は良くない」ということを知ってはいるので、自己否定している自分をもまた否定します。

「ああ、また自己否定している。だからダメなんだ……」と。

まずは、「自分ってダメだな～」って思える自分を肯定的にとらえてみることから始めてみましょう。

誰もが、人と比べてはいけないとか、他人は他人、自分は自分、ということを知ってはいます。しかしながら、無意識に他人と比べていて、実は他者との比較で自分のセルフイメージを作っていることには気づいていません。

そう、**誰もが他人と自分を比べていますし、自己の認知というものは、あくまで他者や他の状況と比較しての認知**です。

「私って、ネガティブなの」と言う人は、ポジティブな人と無意識レベルで比べています。

「私っておおざっぱなの」と言う人は、几帳面な人と知らずに比べています。

「私って、ラッキーな人なの」と言う人は、ラッキーじゃない状態と比べていての自己評価です。

自分ってダメだな〜、自分はまだまだだ……という考えは一見ネガティブなイメージがありますが、肯定的に捉えると、「良い方向に変わりたい」「もっと伸びしろがある」と自分を思っている証拠。もっともっと成長したい！という前向きな思いからの認知でもあるのです。

そのような一見ネガティブな思いの裏側にある気持ちを肯定的に汲《く》み取ってあげる訓練をすると、自己肯定感がどんどん養われてきます。

まずは、否定してしまうその気持ちすら肯定しましょう。私の好きな仏教の言葉（法句経、ダンマパダの一節）があります。

わが愚かさを悲しむ人あり
この人すでに愚者にあらず
みずからを知らずして
かしこしと称するは、愚中の愚なり
（仏教伝道協会『和英対照仏教聖典』より）

もうすでに、自分はできている人間で、賢いと思うことが愚かで、自分の愚かさを悲しむ人は、逆に愚かではない、ということ。

自分の愚かさに気づくことは、謙虚な証でもあり、もっと成長したいという願いの現れ。それを否定するのではなく、伸びるほうに転換できたら、もっともっと成長できるのです。

ですから、時々、自己否定するその気持ちもまた、肯定的にとらえてみると、案外あなたの向上心がそうさせている、ということがわかります。

自己否定からスタートすることも、実は素晴らしいことなのです。

妬み Jealousy

SPECIAL COLUMN | 3

妬みの先にあるのは憧れ

誰かを妬む気持ち。それは本当につらいものです。聖書の言葉に、「妬みは骨の腐れ」という表現があるくらいですから。体を蝕み、文字通り健康を害しますし、心理的な不快感も大きく、ゆえに一般的には悪の感情だと思われています。ですから、自分の中でその感情に直面したときに、こんな自分はダメだ、ダメだと自分をことさら責めるのです。

多くの人がそうですが、自分が相手を妬んでいる、ということはなかなか認めたがりません。勝気な人ほどそう。ですから、最初に起こる感情は、先の項でも扱いましたように、本心を隠す「モヤモヤ」で覆い隠します。

履き違えないでほしいのは、妬みも大切な要素。問題なしです！問題なのは、意味もわからずただ妬んで苦しくなったり、体調を崩したりすること。妬みの感情もちゃんと向かい合えば、あなたの深層心理の中から宝物のような価値観や信念が掘り起こされる可能性があります。

しかし、向き合うことをせず、ただただ妬み続け、一生誰かを批判したり、文句や悪口を言って人生を終える人もいます。

逆に、そんな自分に途中で飽きて、変わる人もいるのです。妬まないほうが精神衛生上いい、というのも誰もが知っているはず。

では、そもそも妬みとは、具体的にどういう感情でしょうか？　そして、どうやって向き合ったらいいのでしょうか？　順を追って説明しましょう。

大抵の場合、「妬みの感情」は自分が欲しいもの、そのもの。自分にないものを相手が持っていたりすると、その感情は起こります。それは物質的なことだけではありません。立場や名誉、容姿、家庭環境、能力などもそうです。

勝ち負けなど、本当はないのですが、自分と他人を比べて、深層心理で負けを感じてしまっているのが妬みの感情です。もし、妬む相手の持っているものに、自分は特に何も感じないなら、競ってもいないし、比べてもいないということ。しかし、気になって気になって、心がザワめき、不快感があるなら、相手に対してなんらかの感情を自分が持ってしまったことによる、妬みなのかもしれません。

妬みはどうしたらなくなるのでしょか？　ポイントは次の2つ。

・まずは、自分が妬んでいることを認めること
・次に「妬んでもいい」と許可すること

意外に思うかもしれませんが、「自分は妬んでなんかいない」と思い込んでいる人が多く、その感情には気づきたくはない人がほとんど。なぜなら、心のどこかで、「妬み＝負け」ということを知っているからでしょう。

しかし、どんな自分も「妬んでいい」と許可できたときに、心が解放されます。そして、そのあなたの一部である妬みの感情は、居場所を与えられるのを待っているのです。

妬みの先にあるものは、憧れ。

そもそも妬みとは、うらましい気持ちが高じてしまい、相手に対して憎しみの感情が生じたりするもの。ですから素直に最初の感情だけ取り出して、「うらましかったんだ」と言葉に変えてみる。そして、それに直視できたときに、あなたは大きく変化することでしょう。

その人の状態は、あなたの目標でもあり「そうなりたい」という希望でもあります。憧れであるなら、妬みを目標や夢に変えて、これを機に自分もそこまで到達できるように行動していったらいいのです。

STEP

4

「ネガティブ（＝嫌）」に注目して自分を探る

整理・整頓する

いつも同じような問題や嫌な人に悩まされるのはなぜ？

これまでの章では、ネガティブは悪いものではないこと。否定しない、肯定的に受け入れることの大切さや、ちょっとした転換術についてもお伝えしてきました。

また、ネガティブが悪くないからといって、いつまでもくすぶっていてはいけないこともご説明しました。この章からは、それらを通して自分を知り、プラスに持っていく具体的な方法を紹介していきます。

いつも似たような問題が起きたり、やたら似たような嫌な人と関わってしまったり、いつも同じようなことで悩んでいませんか？　そのような経験があなたにもあるかもしれません。なぜ同じところをグルグル回ってしまうのでしょうか？　答えは簡単です。その問題に関する対処法をまだ学んでいないからです。

もしそこで、一つの問題を乗り越えられていたとしたら、次に同じようなことが起きても、その術を知っているので、もう問題とも悩みとも思わない。一つ賢くなっているわけです。

何か問題が起きたり、嫌な人に悩まされるときというのは、いつも、それを「嫌な出来事（＝ネガティブなイメージ）」と意味づけて結びつけてしまい、「避けたい」「関わりたくない」と抵抗してしまいがちです。

しかし、そんな嫌な出来事でも、「これは自分の問題解決能力が試されているのだ」とか「この出来事は、人としての器が大きくなるチャンスなのだ」「この人のおかげで、忍耐力というのが何かが、本当の意味でわかった」「反面教師として自分の前にあらわれているんだ」など……。**自分にとって都合のいい意味づけであったとしても、そこから健全な教訓を拾うようにすると、次に似たような問題に直面しても、簡単に乗り越えられるようになります。**

そうなると、もう、その問題に関しての天からの課題は終わります。似たような問題は、次に直面しても、もう問題ではなくなっているのです。そう、まさに次のステージに行くのです。

課題はまるでゲームのように、攻略するのがどんどん難しくなっていきますが、あなたのステージは少しずつであってもステップアップしているのです。

問題や悩みの渦中にいるときは、つらすぎて前向きになるなんてことはできなくても、客観視する癖がつくと、さほど大きな問題ではなくなり、むしろ成長の機会ととらえることができるようになるのです。

嫌な出来事や嫌な人からは、とにかく教訓を拾うようにすること。そして、もし近い将来、似たようなことに出会ったとき、自分はどうするか？ それに対して事前に答えを出しておくのです。これもまた大事なこと。

コーチングでは、それを〝フューチャー・ペーシング〟と言います。未来に意識を向けて、あらかじめ答えを出しておくと、悩まず、忘れず、すぐに乗り越えられる術を思い出し、対処できるようになるのです。そうなると、もう「同じ問題」は起きません。

嫌いな人を無理に好きになる必要はありません。しかし、人生を嫌いな人に邪魔されている感覚や、同じ問題で人生がサクサク行かないような感覚、足止めを食らっているかのようなときは、早くそれから脱出しなさいよー、という天からのメッセージ。そうとらえると、がぜん取り組みやすくなると思います。さらに、次のような自問をしてみましょう。

・この出来事（人）は、自分に何を教えているのだろう？
・これを乗り越えられることで自分にもたらされる益は何だろうか？

「どんな経験にも無駄はない」とよく言われます。しかし、その経験からなんの学びも拾っていなければ、嫌な経験は「ただの嫌な経験の記憶」としてだけ残り、嫌いな人は、「永遠に嫌いな人」のまま。せっかく、学びの教材が与えられているのに、ただの嫌な出来事（人）で終わってしまうのは、本当にもったいないことなのです。

いつも同じような問題、似たような嫌な人が現れるときは、あなたのステージが変わり、次のステップに行くための天からの試験のようなものだととらえると、これまでとは向き合い方が違ってくるかもしれませんね。

「嫌な自分」から抜け出す方法

身近にいる嫌いな人というのは、本当に悩みの種ではありますが、もっと嫌なのは、「嫌な自分」。自己嫌悪に陥りますし、自己否定もしてしまう、そのうち、運気まで落ちてしまいます。ではそこから抜け出す方法をお伝えしますね。

やり方はこれまでお伝えしてきたことと同じです。最初にすべきことは、その嫌な部分を直視すること。それなくして、嫌な自分から抜け出すことはできません。見ないで通り過ぎることができるなら、さほど嫌な部分ではないので、無理に掘り起こす必要はありませんが、いつも「あ〜、もう、こんな自分、いや！　変わりたい！」と常々、心から思っているなら、ぜひとも向き合ってみてください。

・そもそも、自分の何がそんなに嫌なのか？
・何が情けないと感じているのか？

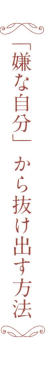

・どんなところに落ち込みやすいのか？

徹底的に直視して、一旦その事実を認めて、受け入れられたとき――初めて心が軽くなるものです。「ああ、今の自分ってこんな感じなんだ……」と。

自分の嫌なところは、できるだけ見ないようにしている人も多く、他人に打ち明けたことなどない人も多いでしょう。しかし、そんな自分を、この際もっと面白がってください。掘り起こしの作業を楽しむくらいがちょうどいいのです。

思う存分、自分の嫌なところを見つめてください。嫌な自分に絶望してください。笑ってしまえるほどに……。ガッカリするなら、とことんガッカリしてください。安心してガッカリしてください。

人生のここまでをその性格で生きてきたのですから、これからも生きていけるだけではなく、これからはむしろどんどんラクになっていくことでしょう。生きていくのも結局は「慣れ」だからです。

ここでちょっと考えてみてほしいのですが、あなたはどんな人に親しみを感じますか？　完璧で、寛大で、いつも人を愛し、許し、言葉遣いも丁寧で、外見も美しく、お金持ちで……そんな人に親しみを感じますか？　それとも、怒ったり泣いたり、それでも頑張って這《は》い上がり、欠点と上手に付き合いながらも、元気に生きている人に魅力を感じますか？

断然、後者でしょう。人間臭いところを持っている人のほうが魅力がありますし、親しみを感じるものです。ああ、同じ人間なのだな、とホッとする感覚とでも言いましょうか。

人間は凸凹だから面白い。経験値が高く人格者と言われている人や、徳のある人は、良いも悪いも両極を経験し、それを理解している人。なぜそれらを理解できるのかというと、両極を持っているからです。

物事には良いところと悪いところがあるのを理解しているので、それをうまくコントロールできる——それは嫌な自分、ダメな自分、ネガティブな部分を自分が持っていることを知っているからこそ、なのです。

自分は完璧で、嫌な部分もないしネガティブもない、という思い込みを持っている

人はむしろ未熟者です。人として円熟するとは「知る」ことと、「経験する」こと。特に両極を経験するということなのです。

どちらか一方に偏るのが未熟さで、自分が正しいと思いがちでもあります。答えは一つしかないと思っていたり、自分の正しさを時に他人に押しつけたりします。

しかし、自分の嫌なところを知っている人は、自分の弱さや、場合によってはブラックな部分を理解しているので、他の人にも寛大になれる。これは、すごくいいことなのです。

嫌な出来事を学びに変えるレッスン

インスタグラムに投稿するために、時々プロ仕様のカメラで写真を撮ることがあります。あるとき、ブーケを撮ってみました。ありとあらゆる角度から、そして、ありとあらゆる色調で試しつつ撮るのですが、真上から撮るのと、真横から撮るのとでは、まったく違ったブーケに見えたり。ズームして撮ると、これまたまったく違った写真が撮れるものです。色調でまったく違った写真になることには、とても感動しました。

人生の中で自分に起きる「問題」についても同じかもしれませんね。**物事を見る視点が多くて、見る場所が高いほど、さまざまなものが見えますが、同じ方向から同じ見方をしていては、いつまでたっても「嫌な経験は最悪の出来事」という記憶にしかなりません。**

私は、問題に直面したときに、原点に戻ることがよくあります。ビジネスのこと、プライベートのこと、種類はいろいろですが、大きさで言うと小さなつまずきやすい石コロのようなから、岩か？崖《がけ》か？と思えるような、目の前に立ちはだかるような大きな問題も時に起こります。

しかし、それらの問題があるこらこそ、それを乗り越えたときに、人としての厚みやら知恵やら教訓やら、自らの宝箱の中に貴重な宝石が増えていくような気持ちがします。

ですから、問題が起きたときこそ、いろいろな視点から、有り難いと思えるものをすべて数えあげてみるのも手です。

自分が持っているもの――それは大きなものでなくてもよくて、たとえば可愛いペットがいるとか、快適な住まいがあるとか、もっと小さなものでもいいのです。

今日のコーヒーは格別においしい！とか、新緑と青空のコントラストがきれいで、楽しませてもらっている！とか。

もちろん、大きな幸せをしみじみ味わうのもいいでしょう。

問題の渦中にあるときは、そんな悠長な思いすら出てこないでしょうが、それはまるでカメラのズームレンズでばかり物事を見ていて、全体を見ていないのと同じ。感情に浸りきったあと、そこから少しだけ離れられたときに、小さな幸せや大きな幸せ——さらに今、あなたが持っているもののほうにフォーカスしてみることも大切。離れて見てみる。横から見てみる。斜めから見てみる。すると違った捉え方ができるのです。

自分の感情が消化できるようになりますと、まるで地獄から天国に一気に抜けられた感覚になり、感謝の気持ちが込み上げてきます。ゆくゆくは、苦手な人や嫌いな人に対してでさえ、感謝の気持ちが残るようになるのです。

この過程に長い期間がかかる人もいれば、短い時間でできる人もいます。しかし、一回、その道筋を作っておきますと、次に似たようなことが起きたとしても、その経路をいとも簡単に通れるようになりますし、ネガティブな感情からプラスの感情にシフトチェンジができたとき、不思議なくらい、いいことが舞い込んでくるもの。できるだけ早くプラスの感情に向かう道筋を作りたいものです。

あなたの嫌い！に注目するワーク

ここまでで、「嫌いな〇〇」というキーワードは、あなたにとって大切な素材であることについてお伝えしてきました。この項ではもう一歩踏み込んで、「あなたの嫌い」という感情から、あなたの内面を深く掘り下げ、人生の方向を定めるために大切な、深層心理にあるものを見つけるワークを進めます。

・嫌いなこと
・嫌いな人
・嫌いなにおい
・嫌いな色
・嫌いな場所
・嫌いなファッション
・嫌いな……

「嫌いな」というキーワードをこれだけ並べて見るだけで、私たちの脳内では嫌いな何かをイメージして、なんとなく気分が下がってしまうことになるかもしれません。

NLPなどのトレーニングの一つに、〝キャリブレーション〟というスキルがあります。相手が無意識に行っている動作や表情を読むことですが、観察するところはいろいろです。たとえば、表情筋の動き、目の動き、顔色、口元の動きなど。

それらによって感情を読み取るトレーニングがあるのですが、言葉には出さずに、心の中だけで嫌いな人を思い出したときと好きな人を思い出したとき、今相手は、どちらを思い浮かべているかを当てるのです。初めて取り組んでみて驚いたのですが、別に表情を読むプロではなくても、相手がどちらを思い浮かべているかは、面白いようにわかってしまうのです。たとえ相手が心を読まれまいとして、演技をしたとしても、です。

それほど、嫌いなことを思い出しているときというのは、顔に出そうと思わなくても、微妙な顔色と微妙な表情筋の動きが表面化するのです。

感情が脳内にフィードバックして、もしかして、何か物質が放出されているのかもしれません。あるいは、過去の何かとリンクさせて、極端になると気分が悪くなったり、お腹が痛くなったり、などもあり得るのです。

実際のところ、あなたはこれまで、真剣に「自分の嫌い」に向き合ったことはありますか？「嫌い」は「怒り」と同じく、あなた自身の中から掘り起こされるものですが、嫌いには、理由が存在しています。

「なぜ嫌いかですって？嫌いに理由なんてないわ！嫌いなものは嫌いなんだから」と思うかもしれませんが、理由なくして嫌いになることはありません。ただ、潜在意識の奥底にその理由は隠されているので、意識していないだけなのです。それを奥底から掘り起こす作業は、案外面白いものです。

嫌いの理由がわかると、自分の価値観や信念がわかります。さらに、そしてもしかしたら「自分が嫌いだと思っていたことが、実は好きだった」なんてことさえあります。

では、ここでちょっとだけワークを。書き出してみましょう。

Q・あなたの嫌いな人を書き出してみてください。（何人でもOK）

あなたはなぜその人が嫌いか？　の理由も書き出してみてください。

Q・あなたの嫌いなことは何ですか？

嫌いな行動、やりたくないこと、自分の信念に反してしまうからしたくないこと、などでもいいです。嫌いなことであれば何でもいいので、書き出してみてください。「あなたはなぜそれが嫌いですか？」

さて、書き出してみてどう思いましたか？　その嫌いに共通するキーワードなどは出てきましたか？　何か気づきはありましたか？　何も気づきがないとしても、「このキーワードを見てメッセージがあるとしたら何？」と言った具合に、メッセージがあるという前提で答えを探してみると、見ようとしなかった奥底からあなたの本心が掘り起こされるのです。

好きな人をなぜ好きなのか？という質問には、わりとシンプルでわかりやすい理由があったりすることが多いものです。それは、相手の中にあるものと、あなたの中にある同じものが反応しているから。憧れの気持ちだったり、同じ資質だったりするから。しかし、「嫌い＝ネガティブ」なほうが多少複雑であり、しかも興味深い。あなたが人生を生きやすくするヒントが隠れているのは、ポジティブな感情よりもネガティブな感情のほうです。

例えば、好きな人に関して掘り起こす作業は、苦痛が伴いません。好きだから、いくらでも向き合うことができます。しかし、**嫌いな人や嫌いなものは、見たくないものの、通り過ぎたいもの、という感覚が無意識に働くので、逆に意識的にその作業をし**

ない限り、それを知り得ることはできません。つまり、大切なものがずっとベールに覆われていたことになりますから、あなたの知らない部分がたくさん隠されている可能性があるということです。自分のことは案外わかっていないものなのです。

私は、このネガティブな感情に向き合うワークが気に入っていて、定期的に実践して「嫌」に向き合います。意味不明なザワザワ感にも向き合って、そのときに答えが出ないことも多々ありますが、それは直感からのメッセージだったり、日頃は意識されにくい潜在意識に隠されたものだったりすることが、あとになってわかることもあります。

ネガティブ思考の連鎖を断ち切る方法

ドーン！と落ち込んだとき。悲しくて悲しくてつらくてつらくて……そんなときに、そのネガティブな気持ちに浸る時間はどれほどでしょうか？

浸る時間はもちろんのこと、落ち込むか落ち込まないかは、実は自分の意思で選択することができます。その感情を見ないふりして通り過ぎたら、あとでしっぺ返しのように、ドカーン！と来ることもありますし、だからといって、前述もしましたが、長い時間その感情に浸り続けるのも体を壊してしまいます。それでは、あなたにとっての最善の落ち込み方、最も健全な落ち込む時間はどれほどでしょうか？

人生は、自分が意識と注意を向けているものしか見えず、世界はあなた自身の意味づけで作られています。毎時毎分毎秒、悲しみ、苦しみ、つらさに注意を向けていると、人生すべてがその思いを向けたもので作られていくようになります。

念仏のように、「私は一人きりだし、楽しいこともないし、生きているのもつらいし、彼氏はいない、配偶者がいない、子どももいない、クリスマスも一人ぼっちどころか、老後もきっと一人ぼっち。私には何もない……」とブツブツと、または頭の中をグルグルとそれらで満たしたときに、あなたのこれからの人生は、その思い込み通りの人生が形作られていきます。

思考は大抵の場合、パターン化されています。

つまり**最初の負の鎖が始まると、いつものパターンがそのまま無意識に、次の鎖、次の鎖、次の鎖とどんどん繋《つな》がっていき、多くの時間を負のエネルギーで満たしていく**のです。つらいですね。限りある貴重な人生の中でいつまでそのゲームを続けていきますか？

もし、これまでのように、長い時間そういう負のエネルギーに浸っていたくないなら、次に紹介する、パターンを遮断《しゃだん》するトレーニングは役立つことでしょう。いつしか、ネガティブ思考と上手に付き合いつつも、前向きな自分になることさえできるのです。

大抵の場合は、この負の鎖の始まりは、無意識レベルで行われている思考の癖ですから、「始まり」というのがわかりません。

「あ、また始まった……」という最初さえわかれば、問題の半分は解決されたようなもの。途中から気づくのでも構いません。では、気づいたあと、遮断するには何をしたらいいでしょうか？

思考し続けなければいいわけですから、何か思いが切り替わるアクションがあればいいのです。たとえば……。

・ホッペや手のひらをペチンと叩く
・立ち上がって好きな音楽をかけて集中する
・深呼吸を10回する
・立ち上がり、お茶を飲む
・職場なら、トイレに行って感情も一緒にジャーと流す

・枕やクッションを叩きまくる
・一番好きなアロマの香りを嗅ぐ
・口角をあげて上を向く

つまり、何か別の違うことをすると、遮断されるのです。

繰り返しますが、とにかく大切なのは、「始まり」がわかること。これがわからないと遮断しようがありません。**気づいたときに遮断してみる。このようにして思考の癖は直せます。**反復作業が必要ですが、生産性のない時間をダラダラと続けたくない人は、この「思考の遮断」がおすすめです（ただし、STEP1やSTEP2で述べた、「ネガティブは悪くない。受け入れて、味わって」の過程を経てからの「遮断」です）。

苦しさがちょっとだけ軽くなるトレーニング

見出しにあるこの手法。しっかり身につけると、ちょっとどころか、苦しさは激減します。

苦しさという感情もまた、無駄なものではありません。それがあるからこそ、体やメンタルの危険を最悪になる前に察知できたり、日常の何気ない当たり前に感じるようなことが、とても幸せだと感じることができるので大切な感情です。

しかし、繰り返しになりますが、その苦しい感情に長く浸ることはおすすめしません。体の不調を招いたり、似たような他の苦しさを引き寄せてしまうので、できるだけ早くそこから抜け出るよう、自分なりの方法を見つけておくことは大切です。

では、さっそくですが、**苦しいとき、苦しさを感じない方法は、結論から言うと、今この瞬間に集中すること。**

例えば、悲しみという感情。悲しみの渦中にいるときは、傷ついた心、失ったものへの愛着ゆえの寂しさ、これから自分は一体どうなるのか？　過去はこうだった……のように、未来と過去を行ったり来たりし、いろんな感情があいまって、悲しく、つらくなるのですが、今この瞬間に集中するとどうなるのでしょうか？

その前に、今この瞬間とは、どの瞬間のことでしょうか？

今この瞬間とは、例えば今なら、あなたはこの本を読んでいる。この「読んでいる」という文字が目に入って理解している。活字が目に飛び込んできている。その瞬間は、集中していれば、同時に何かを感じることはできないものです。どんなに悩みがあろうとも、今この瞬間は、この文章を読んでいることにほかなりません。

そして、例えばその後、読み終わって珈琲を淹《い》れている、淹れている瞬間に集中する。豆を挽《ひ》くのに集中。ガリガリと音がしている、とか、いい香りだな……とか。お湯を沸かし、ドリップすることに集中。再び香りに集中。目から入ってくる視覚情報に集中。カップに入れる。珈琲を飲んで味わっている。ちょうどいい温度だな……にがみもちょうどいい。そのような感覚に集中するのです。

そして、その後、深呼吸してみる。ああ、肺に空気が入った。生きているな……と感じる。空を見た瞬間、「ああ、空が青いな、きれいだな」と感じている。

私の場合は今、この原稿をパソコンで打っています。今、私の意識は頭の中と目の前のブラウザの文字たちにあります。打ち込む手より、思考に意識が向いていて、書き出す早さよりもちょっと早く、頭の中で文章が流れています。

それを考えたとき、「脳って、すごいな」と感じながら、「脳ってすごいな」と打っているのです。

このように、もっともっと細切れにその瞬間瞬間を、五感全部を使って感じていることを一つひとつ拾って味わいきってみる。集中すると、未来の不安も、過去に起きた苦しみも（たとえ1分前でも過去は過去）、同時に感じることができないのです。

もし、何かを思い出して悲しい気持ちになったとき、ほんの少し、その感覚を思い出したとしても、長く浸ることはせず、大きな深呼吸を10秒くらいして、そのあと今その瞬間に意識をもっていくと、悲しみはどんどん少なくなります。もし、過去に戻って悲しみたいときは、「よし、浸ろう」「少しの時間、浸って、泣こう」と決めてからしてください。

今この瞬間に集中すると、ああ、息をしている、心臓が動いている、温かさを感じている、悲しみを感じることができる心もある、私はなんだかんだいってても生きているんだな……と。その瞬間には、苦しさはないのです。

苦しみが訪れたとき、そこからなかなか抜け出せないときに、ぜひやってみてください。今、この瞬間、あなたは何をしているか？　何に意識を向けているのか？　それはきっと「悩みではない」ということがわかるでしょう。

大嫌いな人を「普通レベル」にするトレーニング

イマドキの風潮のようですが、嫌いな人とは付き合わない、排除して、好きな人とだけ付き合いましょう、という極端な教えが蔓延《まんえん》しています。

もちろん、それは一理ありますし、私も同じように思うこともありますし、そして可能な限りそうしてきました。「嫌なら離れる」という選択を。

しかし、社会とのつながりがありますと、そうとばかりはいかないこともあります。嫌いな人ほど学びがある、というのもまた事実で、自分を知るのにとても役立つ情報を嫌いな人は発してくれています。ですから、闇雲に離れればいいというものではない、ということも一理あります。

多くの人は、どこかにお勤めしていたり、子どもがいれば学校関係の人やママ友、あるいは親戚付き合いなどもあるでしょう。

嫌いなら離れるだけがいいわけでもなく、お付き合いをやめることなく、その人を通して器の大きな人間になるためのトレーニングをする、ということを選択することもできます。

では、どのような方法でそれができるでしょうか？

まずは相手が発する波動にチューニング（同調）することから始めましょう。説明していきますね。

たとえば、母親の立場なら、あなたのお子さんが友だちに意地悪をしたら、「相手の立場に立って物事を見てみなさい！」と教えるでしょう。大人である私たちも同じです。嫌いな人に遭遇したときに、相手の立場に立って自分を見てみること。

それは、心理療法でいう、〝ポジションチェンジ〟というものです。

簡単に言うと、文字どおり、自分と相手のポジションを変えてみる。つまり立ち位置を変えてみるのです。そうすると違ったものが見えてきます。別名エンプティ・チェアとも言いますが、目の前の空の椅子にイメージで嫌いな人を座らせて、さらにイメージでその人の体に入り、その人の視線から自分を見てみるのです。そうすると、面白いですよ。違った自分を客観的に見ることができますから。

やってみましょう。イメージの中であなたの目の前にある誰も座っていない椅子に、嫌いな人を座らせてその人を見てください。

・その人は、どんな表情であなたを見ていますか？
・そして、あなたはその人がどう見えますか？
・なぜその人がそんなに嫌いなのでしょうか？
・目の前にその人がいると思って、言いたいことを言ってみましょう
・今まで、言えなかったことやモヤモヤしていたことなども言ってみてください
・思いつくことを言葉に出して言ってみてください

次に相手の体の中にイメージで入り込み、その人の視点からあなた自身を見てみましょう。さっき、あなたが言い放ったことに対して、その人になりきって答えを言ってみましょう。

・どんな答えが出てくるでしょうか?
・その人はあなたになんて言いたいでしょうか?
・その人から見えるあなたは、どんなふうに見えますか?
・その人の視点から見た自分はどんな顔をしていますか?

この方法は、無理に行う必要はありませんし、もし嫌いな人と離れられるものなら離れたらいいです。しかし、そうできない場合、あるいは人間関係において成長したいと思ったときに、ぜひともやってみてほしいのです。


そしてさらに一歩進みたい人には、次の提案もあります。トライすれば、嫌いから普通レベルへ、そして普通レベルから、「あら?この人、案外いい人ではないのかしら」という感覚にすらなるかもしれません。

今から書くことを実践できるでしょうか?

「嫌な人を愛する」というような、そんな無理はさせません。それはちょっとハードルが高いので、まずは、温かい微笑みをして、愛する人を見るような目で、毎朝、「〇〇さん、おはようございます。今日、朝から暑かったですね?」といった具合に声をかけてみること。

ポイントは最初に相手の名前を呼ぶことです。人は誰でも承認欲求というものがありますが、名前を呼ばれることは、その人がそこにいることを認めている、つまり承認していることのあらわれで、相手は無意識にそれを心地良く思っているのです。

さらに、その人が取り組んでいること、頑張っていることを話題にして、相手を褒めたりねぎらったり、さらに感謝を述べてみる。心なんてこもっていなくて結構。口先だけでいいのです。女優になって言ってみてください。

「〇〇さんプレゼンの準備、進んでいますか? 大変ですよね〜。頑張ってくださいね」とか、「聞きましたよ! 〇〇さん契約が取れたんですってね? すごいですね」とか。

ママ友であれば、「〇〇さんって、いつもきれいにしていて、すごいな〜、って思ってました。本当にセンスいいですよね〜」とか。

もしかして相手は、あなたから嫌われていると、これまで思っていたかもしれません（無意識レベルで）。しかし、あなたからそんなふうにフレンドリーに声をかけられて、最初は不審がり、ぎこちない態度かもしれませんが、そのうち、相手はオープンマインドになってきます。

くれぐれも、相手に勝とうなど思わないでください。そう思ったときに、先にも書きましたが、どこか表情にあらわれますのでお互いの中で敵対心が生まれるからです。

あなたが「あの人嫌い」と思ったとき、あなたからはトゲトゲの周波数が出ています。目には見えませんから、気づかれていないと思っているでしょうが、相手の潜在意識がちゃんとキャッチしています。

自分が相手にどう扱ってほしいかを考えて、自分が扱ってほしいと思うやり方で、まず自分から相手にそのように接するのです。そうすると、あら不思議。相手の心も溶けていきます。

ネガティブとポジティブ。単純になるとラクだよ

ネガティブとポジティブに関して、これまで感情面からの説明をしてきました。前向きか後ろ向きか、積極的な物事の見方ができるのはポジティブ、消極的なマイナス部分に目がいきがちなのがネガティブ。

この項ではそれを、感情面ではなく思考面で説明していきたいと思います。

- **ネガティブとは、複雑思考**
- **ポジティブは、単純思考**

ポジティブな人は、複雑に物事を考えない。考えられないのです。いわゆる楽観的な思考の持ち主です。先天的にポジティブで単純な人もいますし、後天的に単純思考を身につけた人もいます。

繰り返しになりますが、私自身、以前はネガティブなほうでしたので、何事もとにかく複雑に考えがちでした。複雑に考えるとは、起きてもいないことを心配し、問題でないことを問題とし、勝手に悩みを増やし、不安に思い、先回りして余計な行動をしていたり。思考が複雑だと行動にまで影響が及び、なかなか動けないとか、もしくは無駄な行動が多くなったりなど、そんなことが多々ありました。

複雑思考は、無駄な思考を続けるわけですから、何かと疲れるのです。思考すること自体、かなりのエネルギーを使うものですし……。

そもそもネガティブは、失敗したくないという恐れや不安の気持ちからくるもので、何度もそう考えているうちに、その思考は癖になってしまうのです。

さて、あなたの周りにはとんでもなく楽観的な人はいますか？　その人をロールモデル（お手本となる人物）としてみましょう。

そして、まずはその人の言葉、行動などをまねしてみてください。

大丈夫です。まねしてもけっしてその人のようなとんでもないほどの楽観性は身に付きませんから。その人の口癖をまねしているだけで、結構気持ちが軽くなるものです。最初は、複雑思考の人が単純思考の人を見たときに、多少……いや、ものすごくイラッとすることもありますが（笑）、まねしているうちに慣れてくることでしょう。

もし、その人のエッセンスの半分でも身につけられたら、生きやすくなり、気持ちがラクになるのではないでしょうか？

どうしたらいいかわからない問題にぶつかったときに、その人だったら、どう考えるだろうか？と想像してみるのは、とても役に立ちます。彼らはきっとこう言うのです。


「考えたって無駄でしょ」

「そのときになって考えたら？」

「大丈夫だってば」（根拠のない自信。でも本当にそうなる）

「え？　それの何が問題なの？」

「なるようになるってば」

「やりたければ、やれば？　やりたくないならやめれば？」

つまり、ポジティブ単純思考の人々の選択肢はこうです。

・好きか、嫌いか
・行きたいか、行きたくないか
・やりたいか、やりたくないか
・欲しいか、欲しくないか

なんて単純。驚くほど単純。二者択一でほとんどがなんとかなる。

これをネガティブの複雑思考で考えるとこうなります。「これをやったら周りの人はどう思うだろうか?・」「もし、失敗したらどうしよ?・」「何か言われたらどうしよう、何て答えよう」とか、「サイアクの結果になったらどうしよ……」などなど。

ポジティブ単純思考は、むしろ先のことを考えるとき、こうなります。「これをやって大成功したらどうしよ……ひひひひ」「もしうまくいったら、私かっこよくない？　みんなに褒められてしまう」「これがうまくいったら次はこれをやろう！」

なんて幸せな思考でしょう。天と地ほどの差です。ポジティブな人のほうが人生がハッピーなのは一目瞭然ですが、弱点もあります。無謀な動きをして失敗もありますが、ポジティブ過ぎて失敗から学ばず、また失敗を繰り返す、というもの。「過ぎたるは及ばざるが如し」なのです。しかし、失敗は多くても総じて幸せでラクなのはいいことです。

その点、ネガティブ思考の人は、ポジティブ思考を当てはめたとしても、根っからのポジティブな思考にはなりませんから、逆にバランスが取れた人間になります。リスクヘッジ（危険回避）をして、先を見通す先見の明もあり、かつ、後天的にポジティブ思考を実践しているので、多少はこれまでの悩み過ぎという傾向や、不安や恐れを持ち続ける、ということも残るでしょう。

ネガティブは排除する必要はありませんが、しかし、ポジティブな塗り替えをする必要もありません。

イメージは、今あるネガティブを持ちつつも有効利用しながら、ポジティブな思考も取り入れていく。

ネガティブの割合を今までよりも少なくして、新たな試みとしてポジティブな思考も取り入れるのです。

あなたのネガティブとポジティブがバランスを取り始めたときに、思考も心も行動や結果も以前とは違ってくるのを、きっと実感できることでしょう。

その感情を選んだのはあなたです

・他者責任
・自己責任

さて問題です。ラクに生きられるのは、どちらでしょうか？

いつも自分の身に起きた良くないことを他人のせいにしている人は、悪いことは全部他人のせい。良いことは自分のおかげ、または「たまたまの産物」と思いがち。

しかし、どんな嫌な感情になったとしても、**相手によってその感情にさせられたのではなくて、自分がその感情を選んだのです。**外的な要素は、トリガー（引き金）になったとしても、そのあとの感情を選んでいるのは自分です。

ここを理解していないと、「私は〇〇さんに傷つけられた」「私は夫に（妻に）裏切られた」「私が××なのは、誰々のせい」と思い、人を恨む気持ちをフツフツと持ち続け、そのまま負の感情に飲み込まれ、不幸せ脳になってしまうのです。その人があなたに謝らない限り、スッキリすることはないので、嫌な感情は続くのです。もとよりその人はあなたに謝罪することなど、ほとんどあり得ないのですから。

しかし、「それらは自ら選んだ感情である」と理解したとき、誰のことも責めようとはしません。そこでその感情はストップするのです。ああ、自分がその感情を選んだ。ならば、仕方がないわ、と。

しかし、他人にされたと思い込んでいると、その負のエネルギーは、相手が受け取らない限り自分の中に混在し、あなたを蝕むのです。

自己責任と割り切るか、もしくは相手を許すとかという選択をしない限り、ずっと負のエネルギーが残り、運気低迷、体調不良、メンタリティーの低下、恨みつらみ憎しみの、負のスパイラルへようこそ!状態です。

要点はこうです。

傷つけられたのではなくて、自ら傷ついたのです。または傷つく、ということを自ら選んだのです。裏切られたのではなくて、自ら裏切られたと思っただけです。

物事の解釈や意味づけは、すべて自分でできるもの。いちいち人のせいにした意味づけは、思考を複雑にしているだけ。

どうしてあの人はあんなことを言ったのだろう？　なぜあの人はあんなひどいことを私にしたのだろう？　どうしてあの人は……なぜあの人は……。

全部違います。全部、自分です。自分が、人のせいにすることで正当化したいだけ。どうしても人のせいにしたがる他責の人生は、本当に重苦しく、自分を不幸にし、いつまでたっても前に進めないのです。

例えば夫が浮気したことを彼のせいばかりにする妻がいますが、本当に彼のせいだけですか？　彼の注意を引いていられなかった自分にも多少の責任はあるもの。そして、そんな浮気夫を選んだのは誰か？　そう、自分です。

本当に本当に、夫が嫌なら関係をやめることもできますし、それでもその人と一緒にいたいと思うならば、彼のせいにしないで、自己責任として自分ができることをすればいいのです。

このように、他責思考がなくなり、「全部、自分が選んだ自己責任」と思えば、他人なんてどうでもよくなります。

他責思考をたとえるなら、石につまずいて転んだままで、立ち上がりもせず、「この石のせいで私は転んだ！　この石がここにあるのが悪い。この石を置いた人が悪い！」と道路でわめいているようなもの。それは恥ずかしい行為です。

「石につまずいたのは自分の責任」と思って、さっさと立ち上がって起きて、前に進みましょう。これは、人間関係のトラブルなども同じです。

自分の感情や解釈、そして意味づけは全部自分でしていると思うと、それはもう誰にもコントロールを許していない状態です。自分の人生、自分がコントロールしているのですから。

人にどうこうされて、傷ついただの裏切られただのといちいち言っている人は、自分の人生他人任せで、実は他人にコントロールされていることに気づいていないのです。

解釈の仕方ですが、**他人に○○させられた、という考え方は、行動力の低下、モチベーションの低下、苛立ち、憎しみを生みます。**

面倒ですよね？　そんな考えは。

そういう解釈は必要ですか？　不必要ですか？

いらないと思ったら、捨てればいいだけです。シンプルですよね？　自己責任の人生、本当にシンプルで誰のせいにもしないので、ラクな生き方ができるのです。

SPECIAL COLUMN | 4

苛立ち frustration

イライラはコントロール欲

上司の押し付けがましい言い方にイライラしたり、子どもが言うことを聞かないせいでイライラしたり、ママ友の自慢話を聞いてはイライラしたり……。なんともこの世の中には、人間関係には、イライラの原因があちこちにあります。

イライラは大抵の場合、周りの人々が自分の思う通りに動かないから起こる感情。しかし、よく考えればわかること。自分のことでさえ思い通りに動けないことが多いのに、他人様はなおのこと、思い通りになんて動いてくれません。

そして、いくら気の合う夫婦でも、いくら仲の良い友だちでも、他人ですから、自分の思うような言動をしてはくれません。だからといって、その都度イライラしていたら、老けていき、眉間にシワやら口角が下がるやら、どんどん不細工になってしまいます。イライラだけは、とにかく避けたいもの。

では、イライラしない方法は？

・相手には何も期待しないこと
・自分と相手は違う、ということを理解すること

何も……というのは冷たい言い方かもしれませんが……。思い通りに動かしたい、という気持ちがあるから、そうならないとき、期待を裏切られた感覚が生まれ、それが例外なくイライラとなってあらわれるのです。

これは小さなことにも当てはまります。信号待ちでイライラするのも同じです。待たないで急いで行きたい、という期待が裏切られて、待つことにイライラしているのですから。それを相手にぶちまけて、相手を不快にする人もいますし、外には出さず、悶々《もんもん》として体に悪い影響を与えることになったり——どちらの場合も、良いものではありません。

例えば、あなたが夜に外出しなければならなくて、夕飯のお茶碗を洗えなかったので、夫に「台所の洗い物をお願いね」と言って出かけたら、自分が外出中に、夫は食器を洗っていてくれると期待するでしょう。

しかし、夫は過去には洗い物をしなかったことも多かったので、しない可能性も高い。だとしたら、頼むときに心の中では、「しない可能性もあるし、してくれたらラッキー」くらいに思えばいいのです。で、本当に洗い物をしてくれていたら、期待していなかったぶん、喜びも倍増。大げさに喜びましょう。してくれていなかったら、やっぱりしていないのか……。そんなときは一言、「洗ってくれなかったんだね……」と受けとめ、静かに洗い物を始めると、夫は急に「わー、俺が洗う！」なんて具合に、洗い出すかもしれません。そんなときは笑顔で、「ありがとう。疲れているから助かるわ」と言えばいいのです。

人間関係がうまくいく秘訣は、自分の思い通りに人を動かそうとしないこと。周りの人をコントロールしようとしないこと。

相手は他人ゆえに、どんなに親しくたって、期待した言動なんてしてはくれません。してくれないどころか、あなたも経験があるかもしれませんが、びっくりするようなことを要求されたり、思いがけないことを言われたりもするのです。しかし、イライラせず、そのときもまた、こう言い聞かせてください。

他人は自分の思い通りには動かないよね、と。

そうすると、ちょっとイライラが減りますし、心の平安も保てるでしょう。完全にイライラがなくなることはなくても、半分以下になったら精神衛生上かなりいい。そして、私はイライラしたときに、必ずこう考えるようにしています。

- イライラはブサイクのもと
- イライラは老化が超進む
- イライラは細胞が腐る不健康のもと

そして、これも大切なことですが、「普通はこうだよね？」と思う気持ちは捨てましょう。あなたの普通は、あなただけの普通だと思っておきましょう。

固定観念、世間の常識に縛られないこと。それが生きやすくなる処世術なのです。

STEP
5

ネガティブを昇華させてこそ成長できる

楽しむ・成熟する

幸せ思考の作り方

30代の頃は、人生とはなんて生きづらくて、息苦しくて、つらいものなんだろうと、よく思っていました。

しかしそれは、単に思考の癖。そして、自分の意識を向けているものが「苦しみ」なので、苦しい人生が目の前に現実として現れる——そんな超単純なことであるのが今となってはわかります。

「幸せ」というのは、幸せな何かが身に起きることが必要なわけではありません。小さな有り難いと思えることや、当たり前に見えても、それは当たり前のことじゃないのだと認識すること。

そして、それをいつも目に留めるような習慣が、幸せ思考になることなのです。そうすれば、脳はいつも、そのような有り難いことだけをキャッチしてくれるようになります。

たとえ、苦しいことが同時に起きていたとしても、フォーカスしているところが、有り難いことや幸せなことだと、総じて幸せな人生になっていくのです。

私自身、ここ数年間は踏んだり蹴ったりの、まさに低迷期を過ごしてきました。それでも、たった一つの幸せを拡大鏡で見て、「有り難いな〜」と言っていると、その踏んだり蹴ったりはチャラになるどころか、地獄も覗《のぞ》きながら天国の状態も一緒に味わうなんてことができる——逆に、小さな喜びが本当に幸せなのだと、通常よりも強く感じられた数年間になりました。

もしあなたが、楽しいこと、有り難いこと、感謝できること、笑えることに興味があれば、意識的にそこだけを見ていきましょう。脳はもっともっと楽しいことと感謝すべきことを日常生活から拾ってくれるようになります。これが「幸せ思考」なのです。

もし、「いつも嫌なことが多いな」と思ったら、自分がどこに意識を向けていて、どこに苛立っているかを注意して見てみるとすぐにわかるのです。

そして、それが癖になっていることに気づけたら、抜け出すことができます。

不幸思考の癖を直すのも超簡単。この本を閉じたらすぐに、嬉しいことや楽しいこと、有り難いことだけを見て、嫌なことはスルーしてみるのです。もし、ムカついたら声を出してこう言ってみてください。

・無表情で「フーン……」
・もしくは、「へぇ〜……」

珈琲をこぼしてしまった。いつもなら「キャーーー！　サイアクー！」と言うところを、無表情で「フーン……」と言って、静かに立ち上がり、こぼした珈琲を無表情で拭き取ってみる。

ムカつく上司にひどいことを言われた。いつもなら「あんにゃろーー！　クソーーー！」と言うところを無表情で「へぇ〜……」と言って、スルーしてみる。

子どもに、「宿題しなさい！」と言ったけど、子どもはまったくしなくて、だんだんイライラしてきた。本来なら、「いい加減にしなさいっ!」と怒るところを、「今しないの? フーン……あとはもう言わないからね」です。宿題しなくて困るのは子どもですから。その責任を負うことを学んでもらえばいいだけです。

嫌なところはできるだけ感情を込めないでスルー。感情を込めてしまうから、そのマイナス感情が増大してしまうのです。

嬉しいことや楽しいことは、大げさに飛び跳ねて喜ぶくらいの勢いで、身体で喜びを表してみる。この癖づけこそが幸せ思考作りなのです。

「弱さ」は「強さ」になる

年齢を重ねますと、若い頃と比べたら老化が進み、身体が思うように動かなくなるかもしれません。しかし、逆に試練を乗り越えるたびに経験値が上がり、知恵が身につき、懐も器も大きくなり、メンタルは強くもなっていくものです。それでもやはり、人は時々弱くなるもの。

しかし、時に「弱い」のはいいことなのです。それは時に「強さ」にもなるからです。さて、どのようなときに、「弱さは強さ」になるのでしょうか？　それは**「自分が弱いことで、その弱さを補ってくれる人が出てくる」という意味において、あなたは強くなる**のです。

私自身の経験からも、ここ数年はいろんな人々が私に手を差し伸べてくれました。離婚してからは、実は元夫がやってくれていたことがあまりにも多かったゆえに、彼がいなくなったことで、自分の会社の運営に関して滞りが出ていました。でもその後、彼がいたスペースには、たくさんの人が私のサポートに入ってくれました。「空いたスペースが埋まる」というのは真実であり、自然の法則の一つとも言えます。「私は大変です。できません。助けてください」と言ったときに、私の欠点や苦手な部分を埋めてくれた人たち、私の弱い部分をカバーしてくれた人たちがたくさんの援助や申し出をしてくれました。これまではそんな弱い自分を見せたことがなかったので、できないことも弱いところがあるのも、案外いいことなんだと、生まれて初めて実感したのです。

人に頼ることが苦手と思って生きていると、一人でなんでも無理してこなしてしまう女性になりがち。そうやって生きていくと強い女性にはなりますが、誰も助けてくれなくなります。前述しましたが、パートナーを望んでいるのになかなか現れない人は、強くなって自立し過ぎているからなのです。

甘えること、つらいと言えることも大事。寂しい、会いたい、苦しい、助けてー！と言える人になること。自分の弱さに気づき、それを周りの人々に伝えられることは、逆に強さになるのです。

「自分が弱い」というのを知っていると、別のいいこともあります。

西暦1世紀、キリストのあとに現れた使徒パウロは、聖書の記述を読みますと、肉体的な問題を何か抱えていて、それが彼の弱さとなり、神にそれを取り去ってほしいと3度祈ったそうです。しかし、神の答えは、「私（神）の力は弱さの内に全うされる」というものでした。のちにパウロも「私が弱いときにこそ、私は強いからです」と述べ、弱いときこそ神に祈り、そして神の力を身をもって感じ、文字通りの苦難と迫害と天災の中でも、使徒としての使命を全うし、偉業を成し遂げました。

さらに、見えない何か、神様だったり守護霊だったり――スピリチュアル依存ではないまでも、信じることはあなたの力になることでしょう。祈りの力も偉大で、人間の力ではどうしようもないことに対して天に問題をお任せする、放り投げることができれば、その分大きな力を得ることになります。それが、弱さは強さ、の意味するところ。

弱いことはなかなかいいものです。大いなるサポートが入り、結局は強さになるのです。

「批判・否定」は、ただの「違い」

SNSの発達のおかげで、誰もが自分自身の考えや、自分の生活の様子を発信できる時代になりました。昔ならば考えられないような、一般の人々がプライベートを明かし、赤裸々に性生活まで語り出す時代になりました。そして、地球の裏側にいる人から近所の人とまで、ネットで繋がることができるようになった分、自分の意見とは反対の人々の意見もいつも隣り合わせにあって、目に入り込む時代になりました。

昔なら、テレビのブラウン管に文句を言っていたのが、パソコンやスマホから反対意見をササッと書き込めるようにもなりました。匿名で相手を叩くようなことを掲示板に書いたり、はたまた、批判コメントなども簡単に入れられるのです。それを目にしてドーンと落ち込む、または怒りまくる。まさにネガティブで溢《あふ》れている世界といえるかもしれません。

しかし、ちょっと緩やかに考えれば、自分と違う価値観を誰かが表現したり発信しただけで、批判された、否定されたととらえなくてもいいのです。

批判・否定は、ただの「違い」なのです。

もちろん、その「違い」をわざわざ面と向かって相手に言わなくてもいいのに……とは思いますが、やはり言いたい人、書きたい人もいて、そして、そのような表現の自由も相手にはやっぱりあるのです。

ですから、自分と違う意見を投げつけられたときには、「批判された！　否定された！」といちいち腹を立てて騒いだり、がっかりするのはやめましょう。言わせておけばいいのです。自分と相容れない人間に費やす時間などもったいないですから。

自分と違う反対意見に遭遇しただけで、直接言われたわけでもないのに、ものすごく批判されたと取る人の心理は、極度の自意識過剰でもあるのです。

これは、SNS上でも、リアルな人間関係でもそうですが、自分の発信していることや、自分の選択に自信があれば、批判や反対する人がいても「そういう価値観の人

もいるよね」だけで終わるのです
今後は、こんなふう考えてみましょう。
あなたが「うわ〜！これ可愛い！」と言ったとして、友だちは「は？　そんなの好きなの？　私は可愛いと思わない」と言ってきたら、「ううう……批判された」ではなく、「へぇ〜、そうなんだー。好みは違うものね。で、あなたはどんなのが好きなの？」と返してみる。そのレベルの話です。相手との違いを知った、という事実だけを見ましょう。

そして、頭でわかっているだけでなく、意見の違いは存在すると実感できたときに、周りからの批判も気にならなくなり、あなたは批判、否定、非難に強い人になれるのです。他人の意見を受け入れられる人は、自己肯定もできるようになるのです。

しかし、誤解してほしくないのですが、批判や非難を、聖人君子のように達観して受け入れよう！とか、相手に怒ってはいけないとか、絶対にがっかりしないように、ということではありません。嫌なものは嫌だし、ムカつくものはムカつくわけです。

それでいいのです。

人間ですから、当然好みだってありますし、そういう気持ちを感じるようにできているわけです。ムカーッ！ときたり怒ったり、悲しくても、のちの活動にまで影響を受けないようにできれば、それでいいのです。

感情を味わい、その気持ちを受け取ったあとに、自分を批判する相手に対して、自分が納得するような見方をし、「バカを相手にしている暇はない」くらいに思えばいいのです。

バカとかアホだなんて、ちょっと言葉は悪いですが、自分を納得させるためや落ち着かせるために、一人で思うくらいは自由でしょう。

折れない心と、嫌われてもいいという思い

2006年からブログを始めて今年で12年がたちます。ブログや本などで自分の価値観を発信していると、時々心が痛むような出来事があります。

多少目立つ分、時に思いもよらない誹謗《ひぼう》中傷も受けますし、知らない人からかげで非難もされ、あることないこと言われ、評判を下げるような噂話を広められたことも、嫌がらせメールが幾度となく送りつけられたりこれまで何度かありました。盗作呼ばわりされたり、はたまた著書の一部を盗作されたことも……。

しかし、こうして一日も休まないで12年間、毎日発信できているのは、「折れない心」があるからです。

今から10年ほど前に渡辺淳一氏の『鈍感力』という本がベストセラーになりましたが、支持を集めた理由がよくわかります。

鈍感が一番強いのです。

私自身、以前は神経質で敏感で心が弱く、それゆえ生きづらさを感じていました。しかしこの世界に入ってから、少しずつ少しずつ、ですが、周りの声に鈍感になりました。

しかも、非難否定だけでなく、お褒めの言葉や他人様から頂戴する称賛の言葉に関しても、どんどん鈍感になっていったのは興味深いことです。自分で自分を承認できると、批判も褒め言葉もどうでもよくなり、反応しなくなるのです。

「折れない心」というのは、ある意味鈍感力であり、そして、根底にある大切な軸は「嫌われてもいい」と心から思っているがゆえ。

・自分のことを嫌いな人は、一定数は存在する
・大多数はあなたに対して無関心
・一部の人だけあなたのことが好き

それが心から理解できたとき、「折れない心」は少しずつ育っていき、それがいつ

しか強固なものになっていきます。

もっと鈍く！
もっと鈍感に！
鉄のハートへと！
もっともっと外野の声が聞こえないほど、自分の直感の声に従って、行動するために。

一部から嫌われるのはけっして悲しいことではなくて、むしろラクな人生になるということを、特に若い人たちにお伝えしたいです。右へ倣え！のような教育を受けている日本にいますと、違う考え方、人と違うこと、自分の意見を言うことに恐れをなしてしまい、小さくまとまってしまうことがあるから。

粗暴になれとか、礼儀を欠いてもいい、という意味ではなくて、相手に敬意を払いつつも、自分の意見が言えるような、そんな強さを目指してほしいと思うのです。

最後に大切な点を加えますが、**「折れない心」というのは、時に「折れてもいいよ」という柔軟さも必要です。ハガネのような強さはポキ！と折れてしまいますので、柳のようなしなやかさが必要、ということ。**

右から暴風が吹けば左になびく、左から暴風が吹けば右になびく、そんな強さがあると「折れない心」が身につきます。

嫌な経験でも、女っぷりは上がっていく

ブログでは、ダメな自分やかっこ悪い自分、失敗談なども隠さずに書いています。数年前に、私はある人から嫌なことをされて、その経験について書いたことがありました。すると、まったく知らない通りすがりの人からこんなコメントが入り、驚いたことがあります。

「有名な人なのに、悪いことを引き寄せるんですね。私はそんな経験は一度もありません。人からそういうひどい扱いを受けたことなどありません。あなたのそういう波動が悪い事柄を引き寄せるのですよ」

こんなふうに、「悪い経験がないことは、いいことだ」と思っている人は、案外多いものです。

「嫌な経験がない」というのは、自慢にはなりません。経験値が少ないということであり、対処する知恵が身についていない、経験が少なければということですから。

例えば、あなたが親であるなら、子どもが自分の人生を歩むにあたって、「いい人生を送ってほしい」という願いはもちろんあるものの、子どもが道行くときに転ばぬように、問題というつまずきの石ころを全部よけてあげるでしょうか？　もし、親がそうしてしまうなら、子どもはどうやって問題解決能力を身につけるのでしょうか？　それと同じです。

私たちが嫌な経験をすることは、それによって問題解決能力や知恵、人の痛みがわかるなど、大きな収穫があるものです。

嫌な経験、悪い経験と呼ばれているものほど、経験して対処できたとき、乗り越えられたとき、逆に、その経験を有り難かったと思えるはずです。もちろん、渦中にあるときは、そんな悠長なことは考えられないかもしれませんが、乗り越えられ、時間がたったときに、「いや〜、経験できてよかった」となるもの。幾多もの経験が重なり合ったとき、深みのある人間になり、女性なら「女っぷりが上がる」のです。

もし、あなたが今、試練や苦しいことに直面しているなら、それを乗り越えたときに人間性が上がり、人としての深みが増し、人の心の痛みも理解できるようになるはずです。

そして、次に苦しんでいる人に、あなたが乗り越えたときの知恵を分かち与えられるような人になっていることでしょう。

人としての魅力は、そういうところでも磨けるものです。ファッション、ヘアメイクなどの外側だけではなく（もちろん外側も大事ですが）、内面、特にそれは経験という宝が、女性としての魅力を底上げしてくれることでしょう。

毎日、何かしらの経験をすることができます。それらは、バラの花びらの一枚一枚が重なり合って、大輪のバラの花になるように、あなたという女性が、さまざまな経験により、深みのある、魅力ある女性となっていくのに寄与するものだから。

ネガティブからニュートラルへ

人生においては、ネガティブでもなくポジティブでもなく、その真ん中のニュートラルが実は一番ラクなのです。ニュートラルとは、「中立、中間」のことです。

ネガティブな人は、「ネガティブはダメ、ポジティブになりたい」と思っています。なぜポジティブになりたいと思うのか？　それは幸せになりたいとか、ラクに生きたいとか、楽しく生きたいという願いがあるから。願い程度ならいいですが、それはある意味、「執着」にもなります。

仏教では、すべての苦しみの原因は「執着《しゅうじゃく》」にあると言われています。つまり、この執着さえなければ、すべての悩みは解決されたようなものだと言われています。

つまり、結局ネガティブでも、ポジティブでも「どうでもいい」という、緩やかな、植物にたとえたら、柳のような状態が一番ラクなのです。

では、ここでおすすめする「ニュートラル」とは何でしょうか？

私の中には、信念とか、ある価値観がありはしますが、他人に関しては多種多様ですし、何かの答えは五万とある、とも思っています。そこに良し悪しの判断はないのが、私なりのニュートラル。もちろん、好き嫌いなどの好みはあったとしても、です。

他人の価値観や答え、判断には反応しません。どうでもいいのです。「どうでもいい」と言うと、非常に冷たく聞こえるかもしれませんが、興味がない、と言う意味ではなくて、人がどの決定をしていても、どんな行動をしていても、「どう決定してもいい」という「どうでもいい」。全部、OKなのです。

近視眼的に、今現時点でどうこうという判断はしません。人はつい、今の時点での良いとか悪いとかの判断をしがち。しかし、人生は点で成り立っているのではなく、点が重なり合って線になるのです。ですから、心穏やかに、何かの事象は人生という80年、90年という長きにわたるタイムラインで見る、または判断する――自分のことも他人絡みのことも、一時的なことで良し悪しなどわかることはないのです。そういう意味でニュートラルになり、何があっても「どうでもいい」のです。

「ああ、みんな経験しているんだな」という高い視点で物事を見ると、裏切りも、許しも、正しいも間違いもなくて、一言でまとめると、それらは「ただの経験」なだけ。

ですから、私には、他人に関して「許す」という概念がありません。それは許さない、という意味ではないです。「他の人の過ちを許しましょう」と言われていますが、たとえ、私が誰かから害を被ったとしても、私は「許す」立場にはないのです。

ただ、そこに私の感情があるのみ。

怒りや悲しみや苦しみがあるだけで、それを許すとか許さないとかはありません。「私をこんなに苦しい目にあわせた憎いやつ！」とも思いません。「苦しい」という感情を選択したのは自分だからです。

正直、なんでもありです。

感情もなんでもありです。

イライラする気持ちも、
ザワザワする気持ちも、
憎たらしいと思う気持ちも、
妬む気持ちも、嫉妬も。

何か物事に、いいとか悪いとかで線引きしてしまいますと、苦しくなるのは自分です。いいも悪いもない。何でもあり、何でもいい。やっぱりどうでもいい。

ここで言う「どうでもいい」は無関心の意味ではなく、「あなたはどうあってもいい」、「あなたはどうあっても、価値ある存在」なのです。

他人の決定に対して周りはとやかく言う必要もないですし、ましてやそれをジャッジしたり、触れ回ったりするのは、自分の善悪を他人に押しつけていることになります。それもまた執着です。それが悩みの種になるのです。

正義感は、ある意味大切なものかもしれませんが、正しいと間違い、それに線引きしてしまうと、どっちかが正しくて、どちらかが間違っている――つまり、そこで隔たりができてしまい、それが戦いになるわけですから。

日本の宗教評論家の、ひろさちや氏の表現がしっくりきます。

彼はこう述べています。

「私は、仏教が教えている〝中道〟が、この『いい加減』にあたるのではないかと思います。（中略）中道とは、ゆったりと努力することです。血眼の努力をするのではなく、ゆったりと努力を続けることです。努力すること、そのことが楽しいような努力をするのが中道です」。（『中道を歩む』鈴木出版）

いい意味での「いい加減」こそがニュートラルに近いと思います。決して投げやりではなく、それでいて、人間としての成長もしつつ、緩やかに努力を続ける。

ニュートラルは、仏教でいう中道でしょう。どちらでもないところに属していながら、しかし、ネガティブに良い悪いのレッテルを貼らず、どっちでもいい、いい意味でのいい加減であることで、人はラクに生きていくことができるでしょう。

EPILOGUE

おわりに

最後までお読みいただきましてありがとうございました。

ネガティブが良くないもの、と思い込んでいた人にとっては、ネガティブは悪いものではなく自分を守るもの――そして、より良き人生を歩むための大切な要素でもあることを知っていただけたのではないかと思います。

もちろん、ポジティブのほうが断然生きやすいし、明るく笑いが多い人生になることでしょう。

それは、ポジティブは楽観的であり、そして問題があってもそれにフォーカス（焦点をあてる）しない、悩みから解放されていて、思考が案外シンプルだったりするものなので、結果的に幸多き人生になります。

ただし、それはその人のみが幸せなのであって、ポジティブ過ぎると、その人と関わっている人たち全員が幸せかというと、そうでもないことも多々あります。

ポジティブ過ぎる人は、もしかして、他人が悲しもうが、喜ぼうが、苦しもうが、自分には関係ない、という思考を持っているかもしれません。つまり、**ある程度のポジティブは人生を豊かに幸せにしますが、ポジティブも過ぎると「エゴの塊」になることもある**ので注意が必要です。

人が生まれてきた目的は、喜びに溢れた幸せな人生を送ること。加えて、他の人との関わりから愛や親切、許しやあきらめ、妥協などさまざまなことを学び、人として成長して、そして個でありながらも、相互関係で生きていくのを学ぶことにあります。

「愛する人が悲しんでいたら、悲しい」は通常の感覚ですが、ポジティブ過ぎると考えはこうなります。

自分がやったこと、言ったこと、やりたいことで、他の人が悲しもうが苦しもうが、それは相手の問題。自分には関係ないから、私はやりたいことを誰が悲しもうがやる！　私の人生だもの！

昨今の自己啓発は、「自分の人生を生きる」を履き違え、他人に迷惑をかけること、誰が悲しもうが自分の欲望に従うことが大事。不倫や子育て放棄、なんでもあり！の傾向にあります。それはポジティブ過ぎるエゴなのです。

これをエゴイスティック、エゴイズム、と言います。つまり、利己主義、利己的、自分勝手なのです。

自分がやりたいことをやって楽しいのに、なぜそのエネルギーが苦なの？という話になりますが、自分がしていることで愛する人、関わる人が悲しみを受けている――それをわかってやり続けているなら、その時点で他人の苦しみの原因を作っていることになるのです。

もちろん、他人の人生まで負う必要があるか？と言ったら、イエスでもありノーでもあります。しかし、なんらかの約束をしたり契約のもとにいるなら、やはり、その責任は負う必要があります。

自分が放出したエネルギーは、同じようなエネルギーを、また自分が受けるだけのことなのです。

人を引きずり落とそうとすれば、人から同じようにされる。

あの人が失敗すればいいな、と願えば、自分が失敗していく。

誰かを騙せば、騙されるし、何かを搾取すれば、搾取される。

誰かを憎めば、誰かから憎まれる。

人を利用しようと思えば、利用しないと成功できない人間になるだけでなく、自分も利用されて、他人から振り回されるようになる。

誰かの評判を落とそうとして、人の悪口を誰彼にふれまわれば、他の人から悪口を言われる立場になり、人は離れていく。

有形無形に関わらず、人から盗んだり奪えば、自分もまた同じように何かを盗まれる。


なんてシンプル。あなたのポジティブがエゴ炸裂の状態になると、このような負の流れになるので、そこは「慎重なネガティブ」になっていいところ。ネガティブが警報機となり、他人のことも考えられるようになるので、やはり大切なのです。

EPILOGUE

結局すべてバランス。ポジティブとネガティブ、両方が自分にあればちょうどいい。どちらかだけなら傾いてしまい、生きづらくなる。**あなた自身の中にあるネガティブはあなたを救うもの。自分からネガティブが出てきたら、もしくは時々見つけたら、愛おしむように大切にしてあげてください。**

さて最後に。本書で26冊目の本を世に送り出すことになります。

実は、今から8年前の２０１０年、本を書こうと初めて思ったときに、自分で最初に企画として考えたのが、「ネガティブ」を題材にしたものでした。本のタイトルは、『ネガティブのススメ』と、勝手にですが考えていました。

それだけ、人生においてネガティブは宝であり、非常に重要で必要なことだと思っていました。また、それを読者の皆さんに伝えたいと、以前からずっと考えていたのです。

当時、ある人に相談したのですが、「そもそも本を読む人はポジティブな人なので、ネガティブのススメなんて、タイトルからしてネガティブで誰の目にも留まらないよ」と言われ、そのときはボツになりました。しかし、すべての人にネガティブは存在し、それはポジティブを支える大切なものだからこそ、「いつか書こう」と思っていました。今回、やっとこうして形になったことをとても嬉しく思います。

本を読む人がポジティブの傾向にあったとしても、それでも世の中には自分の悩みや苦しみから開放されたいと思う人が多くいて、そのときの状態はまぎれもなくネガティブな状態です。「ネガティブ」がテーマの本は、たくさんの人々の心を軽くするのに必要だと、昔も今もずっと信じています。

誰の心の中にも存在するネガティブ、そしてブラックな部分。それらとどう付き合ったらいいかのヒントを、本書を通して知ってもらえたら幸いです。

最後にこの本を出版するに当たり、マガジンハウスの編集者、小澤由利子さんには心より感謝します。そして、私の愛する親友、友、ビジネスパートナーにも心より感謝しております。この執筆中に、大きなイベントがあったり、はたまた弊社の新しい商品を出したりと、忙しい時期に私は執筆に専念できたのは、私を支えてくれた皆さんのおかげです。

そして、そんな時期もブログを毎日更新していましたが、読者の皆さんのコメントが励みになり、時に執筆のヒントとなることもありました。執筆の仕事を続けることができているのは、私を支えてくれている周りの人たちのおかげです。本当にありがとうございます。

そして、この本で初めてご縁がつながった皆さま、よろしかったらブログ「美人になる方法」にも遊びに来てくださいませ。こちらは生きる上での大切なこと、私が日々感じていることを、毎日更新しております。

皆さまがますます輝きある人生を送り、自分の可能性に気づき、より楽しい人生になりますことを心よりお祈りいたします。

2018年6月　ワタナベ薫

生きるのがラクになる
ネガティブとの付き合い方

2018年6月21日　第1刷発行

著　者　　ワタナベ薫

発行人　　石﨑 孟

発行所　　株式会社マガジンハウス
〒104-8003　東京都中央区銀座3-13-10
書籍編集部　☎03-3545-7030
受注センター　☎049-275-1811

印刷・製本　凸版印刷株式会社

ISBN978-4-8387-3003-2 C0095